Geckle
Todesfall – was tun?

WRS-Ratgeber

Todesfall — was tun?

Die letzten Dinge regeln
- Verfügungen für den Fall des Todes
- Rat und Hilfe für die Angehörigen

von
Gerhard Geckle
Rechtsanwalt, Fachanwalt für Steuerrecht
Pfaffenweiler b. Freiburg

2. Auflage

WRS VERLAG WIRTSCHAFT, RECHT UND STEUERN

Die Deutsche Bibliothek — CIP-Einheitsaufnahme

Geckle, Gerhard:
Todesfall — was tun? : Die letzten Dinge regeln ; Verfügungen für den Fall des Todes ; Rat und Hilfe für die Angehörigen / von Gerhard Geckle. — 2., überarb. Aufl. — Planegg/München : WRS, Verl. Wirtschaft, Recht und Steuern, 1991
 (WRS-Ratgeber)
 ISBN 3-8092-0812-4

ISBN 3-8092-0812-4 　　　　　　　　　　　　　　　　Bestell-Nr. 72.08

1. Auflage 1989 (ISBN 3-8092-0486-2)
2., überarbeitete Auflage 1991

© 1991, WRS Verlag Wirtschaft, Recht und Steuern, GmbH & Co., Fachverlag, 8033 Planegg/München, Fraunhoferstr. 5, Postfach 1363, Tel. (0 89) 8 95 17-0.

Alle Rechte, auch die des auszugsweisen Nachdrucks, der fotomechanischen Wiedergabe (einschließlich Mikrokopie) sowie der Auswertung durch Datenbanken oder ähnlichen Einrichtungen, vorbehalten.

Satz + Druck: J. P. Himmer GmbH, Völkstraße 1, 8900 Augsburg

Inhaltsverzeichnis

Vorwort 7

1 Einleitung
Der Todesfall – ein „Tabu"-Thema? 9

2 Zum Todesfall: Maßnahmen und Hinweise
2.1 Wer muß die Erbschaftsabwicklung in die Hand nehmen? 11
2.2 Wie Sie reagieren sollten 12
2.3 Was Sie unternehmen müssen 13
2.3.1 Tod im häuslichen Wirkungsbereich 13
2.3.2 Tod im Krankenhaus 13
2.3.3 Tod im Ausland 15
2.3.4 Ungeklärte Todesursachen 16
2.4 Was die finanzielle Seite angeht 17

3 Der Todesfall: Checkliste für Hinterbliebene 19

4 ABC des Erbfalls (Lexikonteil)

Wegweiser zur schnellen Orientierung 27

Adoption	27	Nacherbschaft	45
Auflage	27	Nachlaßverzeichnis/Auskunft	47
Ausschlagung der Erbschaft	28	Nichteheliche Kinder	49
		Notar/Anwaltskosten	49
Bestattungsarten	29	Pflichtteil	53
Enterbung	32	Rentenleistungen	54
Erbauseinandersetzung	33	Sterbegeld	56
Erbschaftsteuer	34	Sterbehilfe	58
Erbschein	37		
Erbvertrag	38	Testamente	59
Gesetzliche Erbfolge	39	Testamentsvollstrecker	64
Grabpflege	40	Traueranzeigen	68
Grabwahl	41	Vermächtnis	73
		Vollmachten	75
Haftung des Erben	43	Widerruf von Testamenten	78
Körperspende	44		

5	**Dispositionen**	79
5.1	Erben/Vererben in den neuen Bundesländern	79
5.2	Steuerfolgen	80
5.2.1	Steuerfolgen bei Erbfällen in den neuen Bundesländern	83
5.3	Auch der Betrieb muß weiterlaufen	84
5.4	Was die finanzielle Vorsorge angeht	85
6	**Im Falle meines Todes**	89
6.1	Die Vorsorge für den Todesfall	89
6.2	Checkliste	92, 95
Stichwortverzeichnis		117

Vorwort

Erfahrungsgemäß ist ein Todesfall, sei es in der engeren Verwandtschaft oder im Bekanntenkreis, ein Ereignis, das viele ganz persönlich zu der Frage veranlaßt, ob man selbst schon alles getan hat, um auf diesen Fall vorbereitet zu sein. Jeder Notar oder Rechtsanwalt, der sich schon „von Berufs wegen" mit einem eingetretenen Todesfall auseinandersetzen muß, stellt häufig bei Gesprächen mit den Mandanten fest, daß bei diesen der Wunsch nach einer Ordnung der persönlichen Angelegenheiten im Hinblick auf einen möglichen Todesfall häufig gegeben ist.

Feststellen läßt sich, daß es leider häufig nur bei Absichtserklärungen bleibt, da der Alltagsablauf, die starke berufliche Belastung oder sonstige Gründe recht schnell wieder dazu führen, daß man dieses an und für sich sehr wichtige Vorhaben verdrängt, vielleicht auch vergißt. Daß diese Vorgehensweise falsch ist, wird jedem interessierten Leser einleuchten.

Es ist daher eine der Aufgaben dieses Ratgebers, Ihnen bei einer persönlichen „Bestandsaufnahme" behilflich zu sein. Eine schwere Erkrankung, ein Unglücksfall kündigt sich häufig nicht vorher an – es muß daher voll in Ihrem Interesse sein, entsprechend Ihrer persönlichen Verhältnisse so früh wie möglich für den Eventualfall vorzusorgen.

Darüber hinaus soll diese Broschüre Ihnen bei einem bereits eingetretenen Todesfall in Ihrem Verwandten- oder Bekanntenkreis die notwendigen Informationen geben, die Sie mit Sicherheit für die Bewältigung bestimmter Aufgaben benötigen. Da erfahrungsgemäß jeder Trauerfall seine besonderen persönlichen Probleme mit sich bringt, werden die wichtigsten Hinweise in Checklisten zusammengefaßt. Ein kurzgefaßter Lexikonteil soll Sie zudem über Einzelfragen in Zusammenhang mit dem Erbfall informieren. Dabei wurde bewußt auf bekannte Alltagsprobleme mehr Wert gelegt als auf einen speziellen juristischen Teil. Berücksichtigt werden auch aktuelle Sozialversicherungs- und Steuerfragen.

Nehmen Sie sich daher Zeit, um Klarheit und auch eine gewisse Sicherheit über Ihre persönliche Situation zu erhalten.

Jeglichen inhaltlichen Hinweisen oder Anregungen stehen Verlag und Verfasser offen gegenüber.

Gerhard Geckle

1 Einleitung

Der Todesfall – ein „Tabu"-Thema?

Wer ehrlich zu sich selbst ist, wird häufig feststellen, daß man erst dann über den Tod mit all seinen Auswirkungen und Konsequenzen nachdenkt, wenn ein derartiges Ereignis schon eingetreten ist. Ob ein Todesfall sich in der Familie, in der Verwandtschaft oder im Bekanntenkreis ereignet hat: Erschrecken, Entsetzen und die hierauf folgende mehr oder weniger intensive persönlich empfundene Trauer beherrschen dann die Gefühle der Betroffenen.

Wer als Arzt, Berater oder Seelsorger tätig ist, weiß, daß auf einen Todesfall **individuell** und in ganz verschiedener Weise **reagiert** wird. Das persönliche Empfinden und die Trauer um den Verstorbenen kann in Einzelfällen fast bis zu einer gewissen Hilflosigkeit des betroffenen Hinterbliebenen führen. Häufig läßt sich feststellen, daß etwa beim Ableben eines Lebenspartners oder direkten Angehörigen die Hinterbliebenen überfordert sind, wenn sie vor die Aufgabe gestellt werden, Entscheidungen in bezug auf den Trauerfall zu treffen, die von ihnen verlangt werden. Es besteht nicht nur die Pflicht, für den Verstorbenen eine Beerdigung mit allen damit verbundenen Einzelproblemen, sogar in zeitlich zügiger Form, durchführen zu müssen. Behörden, Ämter, Banken, darüber hinaus auch nahestehende Personen verlangen auch von den Betroffenen, daß sie als Auskunftsperson trotz erheblicher seelischer Belastungen zur Verfügung stehen.

Es ist leider immer noch festzustellen, daß über den Tod zu Lebzeiten kaum geredet wird, zum Teil nicht einmal unter sehr nahestehenden Personen. Es ist fast „menschlich", mit seinem Lebenspartner über alle täglich auftauchenden Einzelprobleme zu sprechen und sich zu beraten – der viel größere Problemfall „Tod" wird jedoch immer noch verdrängt; sei es aus einer gewissen Scheu, Zurückhaltung oder ganz einfach mit der Annahme, daß ein derartiges Ereignis zumindest in absehbarer Zeit nicht eintreten wird.

Der Tod ist jedoch **nicht kalkulierbar:** Wer seine Umgebung etwas aufmerksamer beobachtet, wird sich recht schnell davon überzeugen können, daß schwere Erkrankungen, Unglücksfälle im Beruf, in der Freizeit oder etwa auch im Straßenverkehr fast alltäglich sind. Die Konfrontation mit dem Tod fängt leider oft erst dann an, wenn man durch das Ableben eines nahestehenden Menschen mit diesem Ereignis direkt konfrontiert wird.

Trotz der Trauer wegen des schmerzlichen Verlustes gilt es dann aber auch, nach einem maßvollen Abstand Überlegungen für die Zukunft zu treffen: Wie geht die persönliche Daseinsfürsorge weiter, welche finanziellen Belastungen kommen auf die Hinterbliebenen zu, kurzum, welche **Vorsorgemaßnahmen** sollten zur **persönlichen und sozialen Sicherung** getroffen werden?

Einleitung

Aus diesen Überlegungen heraus sollten Sie bei der aufmerksamen Lektüre dieser Broschüre von sich aus schon den ersten Schritt unternehmen, um sich nicht nur Klarheit über Ihre vermögensrechtliche Situation zu verschaffen, sondern – falls erwünscht – auch bereits jetzt festzulegen, welche **Anordnungen** bei Eintritt Ihres **Todesfalles** befolgt werden sollten. Es ist durchaus vorstellbar, daß bei einem späteren Todesfall der Lebenspartner, nahestehende Verwandte, der Vertraute oder Freund sich um die Klärung Ihrer persönlichen Angelegenheiten nicht kümmern können. Vielleicht kommen sogar weitentfernte Verwandte oder sogar von seiten des Nachlaßgerichts eingesetzte fachkundige Personen hierfür in Betracht, um die Abwicklung des Todesfalls durchzuführen.

Es gibt daher keine bessere Empfehlung, als schon zu **Lebzeiten** mehr oder weniger genau eine Bestandsaufnahme vorzunehmen, die allerdings über die vermögensrechtliche Seite hinaus auch in Ihrem Interesse den einen oder anderen persönlichen Hinweis für den Todesfall enthalten sollte. Nicht verschweigen sollte man an dieser Stelle natürlich den inhaltlichen Schwerpunkt des Buches, der sich verstärkt mit den vermögensrechtlichen Folgen und Dispositionsmöglichkeiten befaßt. Die gewisse „Nüchternheit" von Fakten, Zahlen und möglichen Rechtsfolgen bei Eintritt des Todesfalles mußte gewählt werden, um die sehr komplexe Materie kurzgefaßt, dafür aber in verständlicher Form darzustellen.

Rein vom inhaltlichen Aufbau der Broschüre wurde der Todesfall mit all seinen Konsequenzen und möglichen Problemfällen vorangestellt, ausgehend von der Praxiserfahrung, daß hier richtige Impulse und Hinweise mehr denn je dringend notwendig sind (Abschn. 2 und 3).

Das kurzgefaßte **Lexikon** (ABC des Erbfalls) im Mittelteil (Abschn. 4) soll Ihnen zu wichtigen erbrechtlichen Einzelfragen in kurzgefaßter Form eine schnelle, zusätzliche Information geben.

Auf eine vertiefte Darstellung der erbrechtlichen oder steuerlichen Situation wurde verzichtet. Weitere detaillierte Auskünfte zur rechtlichen Seite des Themas „Erben und Vererben" erhalten Sie über Fachliteratur (s. auch WRS-Mustertexte Band 2 **„Testamente und Erbverträge")**. Auch empfiehlt es sich grundsätzlich, vor bestimmten Dispositionen, sei es in finanzieller oder juristischer Hinsicht, in Zweifelsfällen die Beratung und praktische Hilfe bei der Abfassung von Schriftstücken, Verträgen etc. durch fachkundige Berater einzuholen. Gerade hierauf sollte unbedingt wegen der für das Erbrecht geltenden Formstrenge bei Abfassung von Verfügungen auf den Todesfall geachtet werden.

Die in Abschn. 6 des Ratgebers enthaltenen Hinweise und Ratschläge aus der Sicht des Erblassers für Angehörige oder Vertrauenspersonen sind insoweit als Ergänzung zu sehen. Diese können, ggf. versehen mit persönlichen Daten und Hinweisen separat (da aus der Broschüre heraustrennbar) bei den persönlichen Unterlagen aufbewahrt werden.

2 Zum Todesfall: Maßnahmen und Hinweise

2.1 Wer muß die Erbschaftsabwicklung in die Hand nehmen?

Bei Eintritt eines Todesfalles sollten Sie anhand der unter Abschn. 3 abgedruckten **Checkliste** Schritt um Schritt vorgehen.

Allerdings: Dies setzt zunächst einmal voraus, daß **Sie selbst** dazu berufen sind, sich persönlich für die Abwicklung des Trauerfalls einzusetzen. Keine Diskussion gibt es etwa dann, wenn der Erblasser Ihnen aufgrund familiärer Bindungen besonders nahegestanden hat, etwa bei dem Todesfall des Ehepartners oder eines Kindes.

Aber schon bei weiteren nahestehenden Personen, auch entfernten Verwandten, wird sich die Frage stellen, ob Sie tatsächlich befugt sind, hier die Abwicklung des Erbfalls von sich aus in die Hand zu nehmen. Nicht selten tritt der Fall ein, daß sich selbst bei Lebenspartnern, die über Jahrzehnte hinweg zusammenlebten, jedoch nicht verheiratet waren, plötzlich „berufene Erben" melden, wenn diese – gleich von welcher Stelle zunächst – vom Todesfall erfahren haben.

Obwohl der Lebenspartner durch den harten Schicksalsschlag meist schon sehr schwer getroffen ist, wird die persönliche Situation um den Verlust des Lebensgefährten in Einzelfällen noch dadurch erschwert, daß ein bislang überhaupt nicht bekannter Verwandter sich mehr oder weniger direkt aufgrund seiner Erbenstellung meldet und Erfüllung seiner Ansprüche verlangt. Die leidvolle Erfahrung, daß bei Eintritt eines Erbfalls „pekuniäre" Überlegungen immer mehr in den Vordergrund rücken, ist hinreichend bekannt.

Dies gilt insbesondere in den Fällen, wo von seiten des Erblassers auf seinen Todesfall hin keine nachweisbaren Verfügungen getroffen worden sind. Es ist dann den gesetzlichen Erben, auch wenn über Jahrzehnte hinweg kein persönlicher Kontakt mehr zu ihnen bestand, vorbehalten – so will es das Gesetz –, in die Rechte und Pflichten quasi als Nachfolger des Verstorbenen einzutreten. Fast in unmittelbarem zeitlichem Zusammenhang mit dem Todesfall tauchen dann schon neugierige Fragen nach der „Erbschaft" auf. Dies muß nicht zwangsläufig so sein. Es handelt sich jedoch um einen höchst sensiblen Bereich, der bei einem Trauerfall zusätzlich zu erheblichen persönlichen Belastungen führen kann.

Empfehlung:

Prüfen Sie daher zunächst, ob Sie aufgrund der gesetzlichen Erbfolge, einer Verfügung von Todes wegen oder sonstiger Verfügungen des Erblassers berechtigt (und damit vielleicht auch verpflichtet) sind, die weitere Abwicklung des Erbfalls persönlich in die Hand zu nehmen.

Das Gesetz sieht für den Todesfall kurzgefaßt vor, daß das gesamte **Vermögen** des Erblassers als Ganzes auf die **Erben** übergeht (§ 1922 BGB). Problemlos ist Ihre Dispositionsbefugnis daher als Erbe, wenn der Erblasser Sie schon zu Lebzeiten über den Inhalt der von ihm getroffenen Verfügungen in ausreichendem Maße in Kenntnis gesetzt hat. Bei Ihrer starken persönlichen Belastung kann ein schriftlich fixierter Maßnahmenkatalog für den Todesfall (vgl. Abschn. 6.2) die optimale Hilfe sein.

Falls Sie als Erbe nicht in Betracht kommen, sonstige Vollmachten oder Verfügungen von Todes wegen nicht feststellbar sind, müssen Sie nach Sach- und Rechtslage davon ausgehen, daß Sie bei einem Todesfall in Ihrer persönlichen Nähe – so wird man es unter Juristen ausdrücken – quasi eine **Geschäftsführung ohne Auftrag** ausüben, wenn Sie sich um die Abwicklung kümmern wollen. Dies klingt, zugegebenermaßen, sehr hart. Dies hat jedoch u. U. sehr weitreichende rechtliche Folgen, da Sie nicht nur über alle weiteren finanziellen Dispositionen Auskunft und Rechnungslegung gegenüber den Erben oder sonstigen Berechtigten erteilen müssen. Sie müssen vielleicht sogar damit rechnen, daß man Ihnen schon bei der Frage der Durchführung der Bestattung in Einzelpunkten widerspricht, obwohl Sie sich sicherlich ausschließlich von persönlichen Gefühlen, Beziehungen und Erfahrungen zu dem Verstorbenen emotional leiten lassen.

Sollte der Überraschungseffekt eintreten, daß Sie von Ihnen persönlich nicht näher bekannten Erben oder sonstigen Anspruchsberechtigten vielleicht sogar schon kurz nach dem Todesfall hierauf angesprochen werden, empfiehlt es sich auf jeden Fall, alsbald ein klärendes Gespräch dahingehend zu suchen, wie man sich u. U. gemeinsam in gebotener pietätvoller Weise die weitergehende Abwicklung des eingetretenen Trauerfalls vorstellt. Falls Sie als Betroffener Widerstände spüren, sollten Sie unbedingt versuchen, eine immer in Hintergrund stehende finanzielle Abwicklung unbedingt von den unstreitig vorhandenen persönlichen Gefühlen zu trennen. Erfahrungsgemäß werden auch unbekannte Erben und sonstige Anspruchsberechtigte dies akzeptieren und eine der Würde des Verstorbenen entsprechenden Durchführung der Bestattung und der damit verbundenen Ausgaben unter Ihrer Aufsicht und Leitung gestatten.

Es mag zwar Ihre persönlichen Gefühle sehr stören – versuchen Sie aber auch bei dieser Situation jeglichem Mißtrauen dadurch vorzubeugen, daß Sie von sich aus alle anfallenden Aufwendungen und wichtigen Vorgänge für sich notieren, um unter Umständen später auch zur Ausgabenseite Auskunft geben zu können.

2.2 Wie Sie reagieren sollten

Falls Sie dazu berufen sind, bei einem eintretenden Trauerfall die Bestattung des

Verstorbenen und die weitere organisatorische Abwicklung des Erbfalls zu übernehmen, wird Sie ein Blick in die recht ausführliche folgende **Checkliste** (Abschn. 3) sicherlich leicht davon überzeugen, daß Sie jetzt zu einem zentralen Ansprechpartner nicht nur für Angehörige, Freunde und Bekannte werden, sondern auch für Behörden, frühere Geschäftspartner etc.

Scheuen Sie sich nicht davor, in dem einen oder anderen Fall doch noch die Hilfe von Personen Ihres Vertrauens in Anspruch zu nehmen. Auch bei dem recht großen Komplex der Durchführung der Bestattung mit allen zusammenhängenden organisatorischen Fragen sollten Sie im Regelfall auf die Erfahrung der ortsansässigen Bestattungsunternehmen zurückgreifen. Bis hin zur finanziellen Abwicklung des Trauerfalls, zumindest im Zusammenhang mit der Bestattung, können Sie sich hierdurch meist ohne zusätzlichen Kostenaufwand einen gewissen Freiraum verschaffen, den Sie sicherlich wegen der Belastung durch den eingetretenen Trauerfall benötigen.

2.3 Was Sie unternehmen müssen

Wie aus der nachfolgenden Aufstellung ersichtlich, gibt es allerdings gewisse persönliche Aufgaben, deren Erledigung man von Ihnen z. T. unmittelbar nach dem eingetretenen Todesfall verlangt: Dem Grundsatz nach muß der Todesfall spätestens an dem nachfolgenden Werktag gegenüber dem Standesamt des Bezirkes, in dem der Verstorbene zuletzt wohnhaft war, angezeigt werden. Das Bürgermeisteramt wird den Sterbefall schriftlich aufnehmen. Die Anzeigepflicht obliegt zunächst den unmittelbaren Familienangehörigen. Tritt der Sterbefall in einer fremden Wohnung ein, muß hier theoretisch zunächst der Wohnungsinhaber diese Meldung erstatten. Die Anzeigepflicht hat darüber hinaus natürlich auch jeder Dritte, etwa Nachbar, Bekannter etc., der in Abwesenheit von näheren Angehörigen etwa bei Eintritt des Todes anwesend war oder den Todesfall in seiner Umgebung festgestellt hat.

2.3.1 Tod im häuslichen Wirkungsbereich

Werden Sie mit einem Todesfall in Ihrer Wohnung konfrontiert, ist sofort ein Arzt herbeizurufen. Ist dieser nicht erreichbar, sollte der ärztliche Notfalldienst benachrichtigt werden.

Läßt sich von seiten des Arztes nach der Untersuchung die (natürliche) Todesursache alsbald klären, wird über den Todesfall eine entsprechende Bescheinigung ausgestellt.

2.3.2 Tod im Krankenhaus

Bei einem Sterbefall im Krankenhaus wird von dort aus meist auch für die Weiterabwicklung des Todesfalls entsprechend gesorgt. Die Todesbescheini-

Zum Todesfall: Maßnahmen und Hinweise

gung wird von dort aus erteilt. Die aus den Krankenhausunterlagen bekannten Angehörigen werden verständigt. Auskünfte über die Todesursache wird dann meist nur persönlich den direkten nahen Angehörigen von seiten des ärztlichen Personals erteilt. Dennoch können an die Angehörigen ggf. direkt mit dem Eintritt des Todesfalls weitergehende Fragen zur Einwilligung für eine Organtransplantation oder Obduktion im Einzelfall gestellt werden.

Organtransplantation – warum? Noch problematischer kann es für die Hinterbliebenen werden, wenn z. B. bei einem plötzlichen Todesfall, etwa Unfalltod, die Frage nach einer **Erlaubnis** zur **Organtransplantation** gestellt wird. Auch hier gilt zunächst der Grundsatz, daß der Wille des Organspenders entscheidend ist. Die Organspende ist **freiwillig.** Eine gesetzliche Regelung für eine Organentnahme besteht nicht, obwohl hierüber aus gegebenen Anlässen häufig diskutiert wird.

Entscheidend ist hierfür die Bereitschaft des Organspenders, die sich beispielsweise durch einen in den persönlichen Unterlagen aufgefundenen **Organspender-Ausweis** ergeben kann. (Das Muster eines Organspender-Ausweises für Transplantationen stellt der Arbeitskreis für Organspenden, Postfach 462, 6078 Neu-Isenburg, zur Verfügung, der auch weitere Auskünfte bei Interesse zu diesem Themenkreis erteilt.) Die Bereitschaft des Organspenders kann sich natürlich auch aus sonstigen schriftlichen Aufzeichnungen ergeben oder aus eindeutigen Aussagen hierüber z. B. gegenüber den behandelnden Ärzten.

Die Bereitschaft zur Organspende ist jederzeit frei widerruflich. Noch nicht abschließend geklärt ist u. a. die Frage, ob auch Minderjährige bereits ihre Zustimmung zur Organspende erklären können. Man wird hier wohl auf die Einsichtsfähigkeit des Organspenders abstellen müssen.

Ergeben sich aus den Unterlagen keine Hinweise auf eine mögliche Spendenbereitschaft, so werden die Angehörigen häufig speziell bei Unfallopfern von den Ärzten nach ihrer Zustimmung zur Organspende gefragt. Erst wenn eine derartige Einwilligung überhaupt vorliegt und ein entgegenstehender Wille des Verstorbenen nicht bekannt ist, werden von ärztlicher Seite aus weitere Vorbereitungen zur Organtransplantation getroffen. Für den häufigsten Fall, etwa der Nierenverpflanzung, muß bereits innerhalb von 24 – 30 Stunden eine Übertragung der Spenderniere stattgefunden haben. Sowohl in medizinischer als auch in organisatorischer Hinsicht ist hier sichergestellt, daß ein Mißbrauch (etwa zu kommerziellen Zwecken) ausscheidet. Zunächst muß der Hirntod, bei Aufrechterhaltung des Kreislaufs, durch zwei unabhängige Fachärzte festgestellt werden. Liegt die Zustimmung zur Organspende bzw. nachträgliche Einwilligung der Angehörigen vor, so werden über eine Organisationszentrale die medizinischen Daten des Spenders weitergegeben und über Computer der bestgeeignete Empfänger ermittelt. Erst dann wird mit der Organentnahme begonnen und nach einem speziellen Transport des konservierten Organs wird dann bei dem Empfänger die Übertragung des Spenderorgans durchgeführt.

Hinzuweisen ist darauf, daß sich eine Zustimmung/Einwilligung selbstverständlich auch nur auf ein **bestimmtes Organ** beschränken kann.

Schon um zu verhindern, daß sich die Chance einer Heilung durch Transplantation nach der Zahlungskraft des Empfängers richtet, werden Zahlungen oder sonstige finanzielle Entschädigungen für Organspenden von den deutschen Transplantationszentren generell abgelehnt. Selbstverständlich entstehen den Angehörigen durch die Organspende keinerlei Kosten.

Obduktion – warum? Handelt es sich bei dem Verstorbenen um einen nahen Angehörigen, der ggf. nach mehr oder weniger längerer schwerer Erkrankung im Krankenhaus verstorben ist, ist u. U. damit zu rechnen, daß von seiten der zuletzt behandelnden Ärzte die Frage nach der Zustimmung zu einer **Obduktion** gestellt wird. Diese schriftlich zu erteilende Zustimmung kann von dem Ehepartner des Verstorbenen jederzeit erteilt werden, ansonsten nur von den Erben. Zu prüfen ist auf jeden Fall, ob bekannt ist, daß der Verstorbene sich schon zu Lebzeiten generell gegen einen derartigen Eingriff zum Zwecke der Forschung und Lehre gewehrt hat oder ob dies vielleicht sogar aus den vorgefundenen Unterlagen hervorgeht.

Zur **Klarstellung:** Das Ansinnen der Ärzte, eine Obduktion oder auch Teilobduktion vorzunehmen, läßt sich in verständlicher Weise damit begründen, daß man gerade anhand schon bekannter oder vielleicht auch nicht eindeutig festgestellter Krankheitssymptome im Hinblick auf die medizinische Forschungstätigkeit diesen beabsichtigten Eingriff an dem Verstorbenen vornehmen will. Erfahrungsgemäß wird sich auch der betreuende Arzt jederzeit im einzelnen über Art und Umfang der Obduktion erklären. Entgegen weit verbreiteter Vorurteile ist im übrigen auch innerhalb der Klinikverwaltung sichergestellt, daß der Verstorbene würdevoll behandelt wird. Achten Sie auf jeden Fall auch darauf, daß eine Verzögerung bei der anstehenden Bestattung hierdurch nicht eintritt. Auch wird das Klinikpersonal selbstverständlich die Ablehnung einer Obduktion akzeptieren, wenn Sie sich etwa als entfernter Verwandter erst mit den näheren Angehörigen hierüber verständigen müssen.

Siehe auch Abschn. 4 → **Körperspende.**

2.3.3 Tod im Ausland

Ereignet sich der Tod im Ausland, hat an und für sich das Standesamt am Ort des Todesfalls für die Klärung der Formalitäten zu sorgen und nach der Untersuchung durch einen beigezogenen Arzt eine entsprechende Todesfall-Bescheinigung zu erteilen. Sieht man von Einzelfragen wie etwa der Durchführung des Rücktransportes des Leichnams etc. ab, sollte durch **Rücksprache** mit einem **Bestattungsunternehmen** gleich geklärt werden, welche Einzelformalitäten für die Beachtung der z. T. recht differenzierten behördlichen Bestimmungen vor Ort notwendig sind.

Zum Todesfall: Maßnahmen und Hinweise

Für die **Überführung** eines Verstorbenen in sein Heimatland sind hier eine Reihe von Genehmigungen einzuholen, wobei im Regelfall zunächst auch eine ortspolizeiliche Bestätigung erforderlich ist. Für den Rücktransport werden u. a. auch eine amtliche Sterbeurkunde oder eine Todesfall-Bescheinigung des Standesamts benötigt, darüber hinaus z. B. eine ärztliche Unbedenklichkeitsbescheinigung für die Überführung sowie schriftliche Erklärungen über die vorschriftsmäßige Einsargung des Verstorbenen zum Transport. Ereignet sich der Sterbefall etwa aus Anlaß einer Schiffsreise, ist für die Bestattung am Heimatort erforderlich, daß hier ergänzende spezielle amtliche Papiere am letzten Wohnort des Verstorbenen vorgelegt werden.

Für den Fall, daß ein Angehöriger im Inland von dem Todesfall eines Angehörigen in einem anderen Land benachrichtigt wird, sollten zweckmäßigerweise zur Erleichterung der Formalitäten gleich weitergehende **Urkunden** (Geburtsurkunde/Abstammungsurkunde/Heiratsurkunde) auf die Hinreise mitgenommen werden. Bei Todesfällen mit natürlicher Ursache wird die Abwicklung eines Sterbefalls im Ausland auch durch internationale Abkommen erleichtert. Nicht nur für die Bewältigung der Formalitäten, sondern auch für eine geordnete Überführung in das Inland, ggf. auch für eine Bestattung am Sterbeort, sollte zweckmäßigerweise im Hinblick auf die dort vorhandenen Erfahrungen gleich ein Bestattungsunternehmen eingeschaltet werden. Hilfestellungen sind auf jeden Fall über **konsularische Vertretungen** im Ausland oder z. T. bereits durch Vertretungen von **Automobilclubs** (insbesondere im Fall eines Unfalltodes etc.) zu erhalten.

2.3.4 Ungeklärte Todesursachen

Es ist wohl selbstverständlich, daß beim Verdacht auf einen gewaltsamen Tod, Selbstmord oder den leider häufig anzutreffenden Unfalltod die **Polizei** bzw. **Kriminalpolizei** eingeschaltet werden **muß.** Meist wird jedoch bereits ein zugezogener Arzt bei Verdacht auf einen unnatürlichen Tod von sich aus die Polizei benachrichtigen. Bei einem Verkehrsunfall geschieht dies automatisch, wenn eine polizeiliche Unfallaufnahme stattgefunden hat. In derartigen Fällen ist u. U. mit einer zeitlichen Verzögerung der Bestattung zu rechnen. Bei nicht abschließend geklärter Todesursache oder Verdacht auf Fremdverschulden wird der Leichnam unter Einschaltung der Staatsanwaltschaft meist sofort in das nächstgelegene Gerichtsmedizinische Institut überführt. Erst wenn ein Beerdigungsschein dann von der Staatsanwaltschaft und dem Amtsgericht erteilt wird, kann die Bestattung durchgeführt werden.

Bei dem Verdacht auf eine **ansteckende** Krankheit ist zudem damit zu rechnen, daß der verständigte Arzt auch das Gesundheitsamt im Hinblick auf seuchen- bzw. hygienerechtliche Vorschriften informiert. Bei Kenntnis von einer solchen Krankheit trifft diese Verpflichtung im übrigen auch Angehörige oder unmittelbare Kontaktpersonen des Verstorbenen.

2.4 Was die finanzielle Seite angeht ...

Aus Abschn. 6.2 können Sie ersehen, daß nicht nur der Staat, sondern auch sonstige Institutionen und bis dahin überhaupt nicht bekannte Dritte an Ihnen ein mehr oder weniger lebhaftes Interesse als Hinterbliebenem haben werden. Es bleibt bei der **Faustregel**: Finanzielle Verpflichtungen des Erblassers bleiben grundsätzlich bestehen. Leistungen im Hinblick auf den Todesfall können Sie im Regelfall nur dann erwarten, wenn Sie von sich aus tätig werden!

Dies bedeutet: Falls Sie als Betroffener trotz Ihres persönlichen Schmerzes in der Lage sind, sollten Sie Schritt für Schritt die Checkliste in Abschn. 6.2 durchgehen, um anhand der vorgefundenen Unterlagen gleich den richtigen Weg von Ihrer Seite aus einschlagen zu können. Bei z. B. festgestellten Bankschulden können Sie nicht damit rechnen, etwa als Erbe von einer Rückzahlung bereits geleisteter Darlehen verschont zu bleiben. Um im Geldbereich nicht plötzlich von Mahnungen oder sogar weiteren rechtlichen Konsequenzen bei Fälligkeit von ausstehenden Forderungen überrascht zu werden, sollten Sie in Zweifelsfällen sich nicht davor scheuen, nach vorläufiger Durchsicht des Nachlasses und Erstellung einer Vermögensübersicht ein gewisses Stillhalteabkommen mit Kreditgebern oder etwaigen Lieferanten etc. zu vereinbaren. Versuchen Sie auch hierbei unbedingt einen ungefähren Zeitfahrplan einzuhalten, damit Sie im Hinblick auf eine mögliche Erben-Haftung u. U. noch rechtzeitig reagieren, zumindest fachkundigen Rat in Anspruch nehmen können. Klären Sie möglichst bald auch mit etwaigen Miterben oder sonstigen Anspruchsberechtigten, wie man sich in Bezug auf die Nachlaßaufteilung, das vorhandene Inventar oder die Beibehaltung einer vorhandenen Mietwohnung entscheiden sollte.

Zu **beachten** ist aber stets: Nicht unmittelbar notwendige oder dringend anstehende Maßnahmen, die den Nachlaß des Verstorbenen tangieren, sollten Sie in Ihrem eigenen Interesse erst dann vornehmen, wenn feststeht, ob Sie überhaupt als Erbe in Frage kommen und außerdem nicht andere Personen als Testamentvollstrecker letztwillig eingesetzt sind.

Selten ist der Fall, daß ein Erblasser schon eine **Bankvollmacht** über den Tod hinaus oder in sonstiger Weise bereits zu Lebzeiten festgelegt hat, daß der Erbe oder sonstige Personen des Vertrauens über vorhandene Guthaben nach Eintritt des Todesfalls verfügen können. Die Bankinstitute selbst sind bei Kenntnis des Todesfalls verpflichtet, Auszahlungen nur dann vorzunehmen, wenn eine entsprechende Bevollmächtigung vorgelegen hat oder sich eine Verfügungsbefugnis aus einem vorzulegenden Erbschein oder vom Nachlaßgericht eröffnetes öffentlichen Testament ergibt.

Andererseits fallen im Zusammenhang mit der Bestattung sehr schnell nicht unerhebliche Kosten an, die Sie als Hinterbliebener an und für sich abdecken müssen. Dies kann natürlich bis hin zur Fortzahlung der laufenden Miete, Nebenkosten oder sonstigen weiteren **finanziellen Verpflichtungen** des Erblas-

Zum Todesfall: Maßnahmen und Hinweise

sers gehen. Falls Sie hier in finanzieller Hinsicht nicht sofort vorleisten können, gibt es noch einige Institutionen, die Ihnen bei der finanziellen Überbrückung behilflich sein können. Stand der Verstorbene z. B. noch im Arbeitsleben, wird sicherlich auch der Arbeitgeber recht unbürokratisch zumindest mit der Restlohnauszahlung sofort weiterhelfen, wenn sich nicht sogar aus den arbeitsvertraglichen Unterlagen ergibt, daß beim Todesfall zumindest an die direkten Angehörigen (Witwen und Waisen) noch ein bestimmtes Sterbegeld gezahlt wird. Bei gravierenden finanziellen Engpässen sollte u. U. auch das Sozialamt der Stadt- oder Kreisverwaltung eingeschaltet werden.

Sprechen Sie hierüber u. U. auch mit Ihrem Bestattungsunternehmen, das Ihnen die Behördenwege im Regelfall abnehmen wird. Denken Sie daran, daß häufig mehrere Ausfertigungen von Sterbeurkunden notwendig sind, um zumindest noch vor Erteilung eines Erbscheins (falls erforderlich) Zahlungen erhalten zu können.

Etwas schwieriger ist es häufig, Leistungen aus bestehenden **Versicherungen** zu erhalten. Bereits nach den Vertragsbedingungen verlangt man hier zumindest die Übersendung des Original-Versicherungsscheins sowie einer Sterbeurkunde. Vergessen Sie nicht, der Sterbeurkunde auch ein ärztliches Zeugnis über die Todesursache sowie zumindest eine Kopie der letzten Beitragszahlung beizufügen. Übersenden Sie die Originale auch unbedingt zu Beweiszwecken per Einschreiben mit Rückschein.

Es soll an dieser Stelle bereits erwähnt werden, daß sich alles natürlich komplizieren kann, wenn die Leistung auf den Todesfall mehreren Erben zusteht und die Bezugsberechtigung von seiten des Versicherungsunternehmens noch abschließend zu klären ist. Können Sie von sich aus den Nachweis führen, daß Sie selbst bezugsberechtigt sind, etwa bei einer bestehenden Lebensversicherung, die der Erblasser abgeschlossen hatte, so können Sie bei rechtzeitiger schriftlicher Mitteilung von dem Todesfall und unter Beifügung der vorgenannten Unterlagen in der Regel von einer raschen Bearbeitung ausgehen. Scheuen Sie sich nicht davor, bei eindeutiger Bezugsberechtigung u. U. sogar auf eine Vorschußzahlung zu drängen.

Informieren Sie sich im übrigen auch darüber, ob Sie tatsächlich – schon aus Kostengründen – beim Amtsgericht oder (so in Baden-Württemberg) beim Notariat einen **Erbschein** beantragen müssen. Sie müssen hier von sich aus zunächst einen entsprechenden Antrag stellen. Für die Erteilung benötigen die Behörden zum Teil eine längere Zeit. Auch sollte man nicht übersehen, daß die Erbscheinerteilung einiges an Gebühren kostet.

Dies ist aber in Kauf zu nehmen, wenn ein Erbschein unumgänglich wird, z. B. bei Banken oder zur Durchführung der Grundbuchberichtigung, wenn der Erblasser Eigentümer von Liegenschaften war. Beruht die Erbenstellung auf einem notariellen Testament oder Erbvertrag des Verstorbenen, dann ersetzt die Vorlage einer Ausfertigung mit Eröffnungsprotokoll des Nachlaßgerichts meist den Erbschein.

3 Der Todesfall: Checkliste für Hinterbliebene

Über die vorstehenden Hinweise und Informationen hinaus sollten Sie bei Eintritt eines Todesfalls die folgenden Grundsätze auch bei aller Betroffenheit und Bestürzung beachten:

Sicherungsmaßnahmen

Handelt es sich bei dem Verstorbenen um einen nahen Angehörigen, sollte auf jeden Fall sichergestellt sein, daß sein **Nachlaß** in entsprechender Weise **geschützt** wird. Vorgefundene wertvolle Gegenstände, Bargeld etc. sind sicherzustellen. Das gilt natürlich auch vor allem für vorhandene persönliche Papiere, Urkunden usw. Ziehen Sie zur Sicherheit u. U. weitere Personen Ihres Vertrauens hinzu, um spätere Mißverständnisse oder auch Auseinandersetzungen mit den Erben auszuschließen. Wohnte der Verstorbene allein, sollte die Wohnung in ordnungsgemäßer Weise versorgt werden. Haben Sie sich z. B. als Nachbar zuletzt um den Verstorbenen gekümmert, und sind Sie nach Ihrer Kenntnis nicht als Erbe berufen, sollten Sie zweckmäßigerweise die Wohnung nach Überführung des Leichnams sofort wieder verschließen. Die Schlüssel sollten Sie z. B. beim Nachlaßgericht/Bürgermeisteramt hinterlegen, falls nicht sofort ein Ihnen bekannter Angehöriger/Erbe erreichbar ist.

Rücksprache mit dem Nachlaßgericht

Nehmen Sie unabhängig hiervon auf jeden Fall sofort Kontakt mit dem zuständigen **Nachlaßgericht** des Wohnortes des Verstorbenen auf. Je nachdem, in welcher Beziehung der Verstorbene zu Ihnen gestanden hat, wird u. U. sogar ein von seiten des Nachlaßgerichts bestellter Nachlaßpfleger eingeschaltet, um durch diese „unabhängige" Amtsperson den vorhandenen Nachlaß alsbald aufnehmen zu lassen.

Papiere ordnen!

Auch hier kommt es zunächst darauf an, in welcher Beziehung Sie zu dem Verstorbenen gestanden haben. Handelt es sich um Ihren Ehepartner, so sind Sie ggf. darüber informiert, ob **testamentarische Verfügungen** vorhanden sind. Leiten Sie diese Schriftstücke auf jeden Fall sofort dem zuständigen Nachlaßgericht zu. Haben Sie Kenntnis von einem vorhandenen Erbvertrag oder hinterlegten Testament, sollten Sie das Nachlaßgericht hierüber informieren und diesem ggf. mitteilen, wo ein Testament errichtet wurde bzw. dieses auffindbar ist.

Angehörige informieren!

Unabhängig davon, ob Sie in direkter verwandtschaftlicher Beziehung zu dem Verstorbenen standen oder „nur" zu seinem näheren Bekanntenkreis gehörten:

Der Todesfall: Checkliste für Hinterbliebene

Es ist mehr als eine Selbstverständlichkeit, daß Sie alsbald die direkten Angehörigen bzw. Verwandten von dem Todesfall unterrichten. Dies kann im Einzelfall selbst bei Verwandten zu Komplikationen führen, wenn die sofortige Benachrichtigung schon daran scheitert, daß nicht einmal deren Adressen bekannt sind.

Verstirbt jemand im Krankenhaus, so ist dort meist schon bereits über die Aufnahme sichergestellt, daß zumindest die Anschrift eines nahen Angehörigen festgehalten ist. Hinweise auf Adressen von zu benachrichtigenden Verwandten ergeben sich vielleicht auch aus vorgefundener Korrespondenz. Bei entfernt wohnenden Angehörigen des Verstorbenen hilft vielleicht der Blick ins Telefonbuch oder die Rückfrage bei der Stadt/Gemeindeverwaltung, um so einen Kontakt aufnehmen zu können.

Bestattungsfragen klären

In zeitlicher Hinsicht relativ eilig ist die Organisation und Durchführung einer Bestattung. Da im Regelfall ein Bestattungsunternehmen eingeschaltet wird, sollten Sie sofort diese fachkundige Hilfe in Anspruch nehmen, um die Fülle der Fragen bis hin zur exakten terminlichen Abstimmung klären zu können. Versäumen Sie hierbei nicht, auf etwaige Aufzeichnungen oder die Ihnen bekannten Wünsche des Verstorbenen näher einzugehen. Auch diese Information wird für die Durchführung einer sachgerechten und würdevollen Bestattung von einem Bestattungsunternehmen benötigt. Mit weiteren Einzelfragen sollten Sie sich schon jetzt durch die Checkliste in diesem Abschnitt vertraut machen. Scheuen Sie sich auch nicht, einen Seelsorger einzuschalten, falls dieser nicht schon dem Verstorbenen Beistand zum Zeitpunkt des Todes geleistet hat und Ihnen je nach der Beziehung zu dem Verstorbenen für persönliche Gespräche zur Verfügung steht.

Woran man noch denken sollte . . .

Neben der Meldung des Todesfalls an die Behörden und der Benachrichtigung von nahen Angehörigen oder nahestehenden Personen sollten Sie auch sofort weiter entfernt wohnende Bezugspersonen des Verstorbenen mündlich oder schriftlich informieren, sobald Sie den Bestattungstermin in Erfahrung bringen konnten. Nur so kann wegen der räumlichen Entfernung sichergestellt werden, daß diese noch rechtzeitig an einer Trauerfeier/Beerdigung teilnehmen können.

Stand der Verstorbene noch im Arbeitsleben, sollte unbedingt auch sofort der Arbeitgeber, die Dienststelle oder z. B. beim Selbständigen der Betrieb von dem Todesfall in Kenntnis gesetzt werden. Der nachfolgende **Ablaufplan** soll Sie in kurzgefaßter Form auf die wichtigsten Schritte in zeitlicher Abfolge hinweisen:

Checkliste für den Todesfall

	Hinweise/Vermerke
Beiziehung eines Arztes bei Tod außerhalb des Krankenhauses: Hausarzt, falls erreichbar; Ärztlicher Notdienst; Ausstellung des Totenscheins bei natürlichem Tod; Ärztliches Zeugnis über Todesursache ausstellen lassen.	Welcher behandelnde Arzt wurde benachrichtigt? Telefon-Nr.: Telefon-Nr.: Für die Bestattung erforderlich, ggf. Bestattungsinstitut vorlegen. Zur späteren Vorlage für Versicherungen.
Beiziehung der Polizei/Kriminalpolizei bei Verdacht auf unnatürlichen Tod.	Diagnose des beigezogenen Arztes entscheidend.
Bei Unfalltod im Krankenhaus: Frage der Organtransplantation klären!	Ist der Wille des Verstorbenen bekannt oder aus den Unterlagen ersichtlich? Geht aus persönlichen Unterlagen hervor, daß Organspendebereitschaft besteht oder liegt ein Organspende-Paß vor?
Hat der Verstorbene seinen Körper der Wissenschaft nach seinem Ableben vermacht?	Benachrichtigung des Anatomischen Instituts der Universität zur Abholung des Leichnams.
Soll eine Obduktion des Verstorbenen erfolgen? Wer fordert oder wünscht das? (z. B. behandelnde Krankenhausärzte)	Miterben von Todesfall benachrichtigen und – falls erforderlich – Obduktionseinwilligung einholen.
Einschaltung eines Bestattungsunternehmens.	Besteht schon ein abgeschlossener Vorsorgevertrag mit einem bestimmten Bestattungsunternehmen, der Aussagen über die Durchführung der Bestattung enthält? Können Sie wegen persönlicher Wünsche des Verstorbenen auf eine Aufstellung des Verstorbenen zurückgreifen?

Der Todesfall: Checkliste für Hinterbliebene

Meldung des Todesfalls, falls Bestattungsinstitut noch nicht eingeschaltet ist. Bei Tod im Krankenhaus erfolgt direkte Benachrichtigung von dort.
Bei persönlicher Vorsprache beim Standesamt Totenschein mitbringen und ggf. Familienstammbuch.

Telefonische Benachrichtigung genügt zunächst beim Standesamt des Wohnortes bis spätestens am folgenden Werktag auf den Todesfall.
Bei persönlicher Vorsprache: Ausstellung von mehreren Sterbeurkunden zur Weiterleitung an Versicherungen und Rentenversicherungsträger gleich beantragen.

Bei Beauftragung eines Bestattungsunternehmens: Notwendige Unterlagen zur Erledigung der Formalitäten, die das Bestattungsunternehmen im Regelfall übernimmt:
Ärztlicher Todesschein bei Todesfeststellung durch den Hausarzt;
Geburts- und Heiratsurkunde bzw. Familienstammbuch;
bei Ledigen Geburtsurkunde;
bei minderjährigen Kindern Geburtsurkunde des Kindes und Heiratsurkunde der Eltern;
bei Verwitweten Familienstammbuch oder Geburtsurkunde, Heiratsurkunde und Sterbeurkunde des bereits verstorbenen Ehepartners;
bei Geschiedenen Geburtsurkunde, Heiratsurkunde und Scheidungsurteil.

Persönliche Unterlagen des Verstorbenen vorläufig ordnen zur Weiterleitung an das Bestattungsinstitut.

Bei Zeitproblemen:
Vorläufiger Beerdigungsschein für die Bestattung kann von dem Standesamt erteilt werden, wenn die erforderlichen Urkunden nicht sofort beschafft werden können.

Vor Festlegung der Einzelheiten zur Durchführung der Bestattung:
Angabe der Grabstätte;
Bestattungsart klären.

Ergibt sich der Wunsch zur Feuerbestattung aus vorliegenden handschriftlichen Aufzeichnungen oder durch eindeutige Willenskundgebung an direkte Angehörige?

Je nach Konfession:
Benachrichtigung eines Geistlichen oder Laienpredigers.

Ergeben sich Hinweise auf das religiöse Empfinden des Verstorbenen aus vorhandenen Unterlagen? Terminliche Absprache mit dem Geistlichen/Laienprediger wird vom Bestattungsinstitut herbeigeführt und der Erbe hiervon alsbald benachrichtigt.

Der Todesfall: Checkliste für Hinterbliebene

Frage der Aufbewahrung: Überführung in die Leichenhalle beabsichtigt? Aufbewahrung im Sterbehaus beabsichtigt?	Ärztliche Unbedenklichkeitsbescheinigung erforderlich.
Geschlossene Aufbahrung gewünscht?	Falls Aufbahrung erforderlich, Einzelheiten zur Dekoration mit Bestattungsinstitut klären.
Auswahl der Totenwäsche, Sarg sowie der Dekoration für Bestattungsfeier mit dem Bestattungsunternehmen klären.	Zur Sarg-/Urnenauswahl ggf. Ausstellungsräume des Bestattungsunternehmens aufsuchen.
Benachrichtigung naher Angehöriger.	Bei weit entfernt wohnenden nahen Angehörigen: Möglichen Bestattungstermin vorab klären, telefonische Benachrichtigung von dem Bestattungsunternehmen verlangen.
Unabhängig von der Benachrichtigung direkter naher Angehöriger ggf. Arbeits-/Dienststelle verständigen.	Falls aufgefunden: Benachrichtigungshinweise des Erblassers für den Todesfall beachten, ansonsten weitergehende telefonische/schriftliche Benachrichtigung von nahen Freunden oder Verwandten.
Nach Kenntnis des Bestattungstermins: Organisatorische Gestaltung einer Trauerfeier.	Entgegenstehender Wille des Verstorbenen bekannt, daß „stille Beisetzung" gewünscht wird?
Zur Organisation der Trauerfeierlichkeit: Rücksprache mit dem Geistlichen/weltlichen Redner für die Trauerfeier; Festlegung der äußeren Gestaltung (Dekoration, Sargschmuck etc.) für die Trauerhalle/Totenhalle des Krematoriums/Kirche.	Vorschläge des Bestattungsinstituts beachten, aber ggf. finanziellen Rahmen bei Auftrag an Bestattungsunternehmen unbedingt klären!
Falls der Verstorbene Ehrenämter ausübte oder Träger öffentlicher Ämter war: Trennung von familiärer Trauerfeier/offizieller Trauerfeier erforderlich?	Rücksprache mit Vereinen, Behörden oder sonstigen Institutionen ggf. erforderlich.

Der Todesfall: Checkliste für Hinterbliebene

Festlegung des zeitlichen Ablaufs der Trauerfeier unter Berücksichtigung von Ansprachen und Trauermusik.	Evtl. Wünsche des Verstorbenen zur Durchführung der Trauerfeier berücksichtigen. Auch die Einschaltung von Musikern für festzulegende Musikstücke organisiert in der Regel das Bestattungsunternehmen.
Für die eigentliche Beisetzung am Grabe: Den zeitlichen Ablauf und Rangfolge von Ansprachen, Predigten, Musikstücken usw. mit Bestattungsunternehmen klären.	Beileidsbezeigungen am Grabe gewünscht oder ggf. – dann dokumentiert über die Traueranzeige – hiervon Abstand nehmen?
Anschließende Bewirtung von Trauergästen eingeplant?	Ungefähren Personenkreis vorab festlegen, Rücksprache mit ausgesuchter Gaststätte, dort vorläufige Festlegung des Umfangs der Bewirtung.
Weitere Maßnahmen zur Bekanntgabe des Todesfalls: Traueranzeige in der örtlichen/überörtlichen Zeitung? Auftrag für Trauerdrucksachen.	Hinweise des Erblassers mit Formulierungswünschen beachten; Auftragserteilung durch Vermittlung des Bestattungsunternehmens oder direkt über Zeitungen/Druckhäuser usw.
Persönliche Hinweise: Beschaffung von Trauerkleidung; Hilfen zur Weiterführung des Haushalts, falls erforderlich, besorgen; notwendige Arbeitsfreistellung/Ergänzungsurlaub falls erforderlich bei Arbeitgeber/Dienststelle beantragen.	Genügend Barmittel für mit Sicherheit anfallende laufende Ausgaben, Trinkgelder etc. bereitlegen; Unterbringungsmöglichkeiten für anreisende nahe Verwandte besorgen; Betreuungspersonen für häusliche Pflegefälle oder Kleinkinder während der Trauerfeier/Beerdigung; vorläufige Maßnahmen zur Nachlaßsicherung in Bezug auf Bargeld, Wertgegenstände etc.; Weiterleitung von jetzt vorgefundenen oder bereits im Besitz befindlichen Verfügungen von Todes wegen an das Nachlaßgericht. Bei Originalurkunden Empfang bescheinigen lassen, zuvor Kopien für Ihre Unterlagen fertigen. Fragebogen des Nachlaßgerichts/Bürgermeisteramts wegen Nachlaßerhebung zusenden oder bei Zweifelsfragen dort ausfüllen.

Unabhängig von den wichtigsten Maßnahmen bei Eintritt des Todesfalls sollten ggf. noch benachrichtigt werden:

Bankinstitute
Fernmeldeamt wegen Telefonanschluß
Versorgungsunternehmen (Gas, Strom, Wasser)
Vermieter (Wohnungskündigung?)
Finanzamt (fällige Steuerzahlungen?)

Versicherungen, von denen einerseits Leistungen wegen des Eintritts des Todesfalls zu erwarten sind oder eine Kündigung bzw. Wegfall des Versicherungsrisikos bedingt durch den Todesfall (z. B. bei Sachversicherungen) notwendig wird.

Ergänzende Hinweise:

Mit Sicherheit werden Sie als Angehöriger doch noch ergänzend die eine oder andere Frage vielleicht schon unmittelbar nach dem Todesfall z. B. zur organisatorischen Durchführung der Bestattung klären müssen. Gehen Sie ruhig davon aus, daß Ihnen ein fachkundiges **Bestattungsunternehmen** auch bei Einzelproblemen mit Rat und Tat zur Seite stehen kann und Ihnen insbesondere Behördengänge oder sonstige anfallende Probleme im Zusammenhang mit der Durchführung der Bestattung oder der Trauerfeierlichkeit abnehmen wird.

Bedenken Sie bitte bei Sie berührenden Einzelfragen von seiten des Bestattungsunternehmens, etwa zur Leichenwäsche, Totenkleidung oder Bestattungsart, daß Sie sich vorrangig von dem Gefühl leiten lassen, bei der Regelung ganz im Interesse des Verstorbenen zu handeln. Rechnen Sie auch damit, daß Sie mit derartigen „Detailfragen" direkt konfrontiert werden.

Je nach beruflicher Stellung, Bekanntheitsgrad des Verstorbenen wird man für die **Durchführung** der **Trauerfeier** und/oder Beerdigung ein gewisses Einfühlungsvermögen von Ihnen erwarten dürfen. Lassen Sie sich nicht nur von dem beauftragten Bestattungsinstitut, sondern vielleicht auch von Freunden und Arbeitskollegen des Verstorbenen diesbezüglich beraten und weiterhelfen.

Berücksichtigen Sie hierbei auch etwaige Wünsche des Verstorbenen, die dieser entweder zu Lebzeiten fixiert oder Ihnen bzw. Dritten mitgeteilt hat. Der Wunsch des Verstorbenen nach einer „stillen Feier" hat stets Vorrang vor einer aufwendigen Trauerfeier, selbst wenn diese im Hinblick auf die Person, das Lebenswerk oder die Stellung des Verstorbenen angemessen erscheint. Sollte der Verstorbene zu Lebzeiten keinerlei Äußerungen in Bezug auf die Durchführung und Organisation der Bestattung/Trauerfeier gemacht haben, sollten Sie auf die mit Sicherheit vorhandenen Erfahrungen des sachkundigen Bestattungsunternehmens insoweit vertrauen.

Auch besondere **Gebräuche,** insbesondere bei Sterbefällen auf dem Lande, sind insoweit mitzuberücksichtigen. Über kirchliche Zeremonien und konfessionelle Besonderheiten, etwa Bestellung von Totenmessen bei katholischen Verstorbenen, wird Sie mit Sicherheit der Geistliche als Beistand ausführlich informieren.

Ein letztes Wort noch zur **finanziellen Seite,** auch wenn es angesichts der Trauer und des vielleicht eingetretenen Schocks über den Todesfall im Moment nicht angezeigt erscheint: Die zahlreichen Dienstleistungen, die ein Bestattungsunternehmen für Sie erbringt, erfordern auch bereits jetzt gewisse finanzielle Dispositionsmöglichkeiten von Ihnen. Scheuen Sie sich nicht davor, sich recht schnell ein klares Bild über Ihre finanzielle Situation zu verschaffen. Mit der Beerdigung und Durchführung der Trauerfeier bis hin zur Bewirtung der Trauergäste, ist der Todesfall (in finanzieller Hinsicht) noch nicht abgeschlossen. Wie Sie aus dem **ABC des Erbfalls** in Abschn. 4 ersehen können, muß ein gewisses finanzielles Polster noch vorhanden sein, z. B. für
– Kauf oder Verlängerung eines vorhandenen Grabes,
– den Grabstein, Grabeinfassung,
– die notwendige Grabpflege, falls Sie auf gärtnerische Hilfe zurückgreifen wollen.

Es ist natürlich das Bestreben eines jeden Angehörigen, alle nur möglichen finanziellen Mittel schon bereits dafür einzusetzen, um eine würdige Bestattung zu gewährleisten. Ob es sich um die Auswahl eines Sarges handelt, bei dem die „Preisskala" nach oben völlig offen ist, bis hin zur Aufstellung von Kerzenständern als Dekoration: Das für Sie finanziell „Machbare" sollte auch hierbei stets mitberücksichtigt werden, um wegen möglicher verbleibender Eigenanteile bei den Bestattungskosten, etwa als Alleinerbe, nicht sofort in einen finanziellen Engpaß zu geraten.

Nehmen Sie sich dann nach Beendigung der Trauerfeierlichkeiten die Zeit, mit einem Blick nach vorne sich Gedanken darüber zu machen, welche Alltagsprobleme nun auf Sie zukommen. Dies fängt an bei den rein praktischen Fragen, etwa ob man eine Wohnung behält (oder sich noch leisten kann), bis hin zu Ihren individuellen Versicherungs- und Vorsorgemaßnahmen. Eine abschließende Empfehlung kann hier im Hinblick auf die Vielfalt von Einzelsachverhalten nicht gegeben werden.

Einfacher wird es natürlich für Sie, wenn Ihnen der **Erblasser** eine derartige **Liste** mit persönlichen und finanziellen Hinweisen hinterlassen hat. Ansonsten sollten Sie diese **Checkliste** (s. Abschn. 6.2) auf jeden Fall mitbenutzen, um anhand der vorgefundenen Unterlagen oder Ihnen bekannten sonstigen Dispositionen des Erblassers Schritt für Schritt zu überprüfen, ob man nicht doch von der einen oder anderen Stelle Leistungen, Beihilfen oder Zahlungen erwarten kann.

4 ABC des Erbfalls (Lexikonteil)

Es wurde in diesem Ratgeber bewußt auf eine systematische juristische Darstellung von erbrechtlichen Fragen verzichtet. Das **ABC des Erbfalls** soll über gezielte Lexikon-Stichwörter jedoch dem interessierten Leser zumindest eine Grundinformation zu den wichtigsten zusammenhängenden erbrechtlichen Fragen bieten. Über Anregungen, Hinweise und Gestaltungsvorschläge soll damit der Anstoß für ein (im Einzelfall vielleicht notwendiges) Beratungsgespräch gegeben werden. Auf weitere Stichwörter wird im Text durch → verwiesen.

Adoption

Minderjährige Adoptivkinder erhalten durch die Adoption die volle rechtliche Stellung eines ehelichen Kindes (mit allen erbrechtlichen Konsequenzen, auch im Verhältnis zu deren Verwandten). Allerdings erlischt das bestehende Verwandtschaftsverhältnis und das der etwaigen späteren Abkömmlinge gegenüber den bisherigen (leiblichen) Verwandten.

Das angenommene Kind wird daher beim Tod der Adoptiveltern Erbe 1. Ordnung, gehört dagegen im Regelfall beim Tod leiblicher Verwandter grundsätzlich nicht mehr zu deren gesetzlichen Erben. Bei einer → *Enterbung* kann das angenommene Kind Pflichtteilsansprüche geltend machen.

Bei der sog. Volljährigen-Adoption sind die Rechtsfolgen anders: Der angenommene Volljährige wird zwar im Verhältnis zum Annehmenden **gesetzliches Kind**, gehört also zu dessen gesetzlichen Erben und umgekehrt. Die Wirkung der Annahme erstreckt sich jedoch nicht auf die Verwandten des Annehmenden. Außerdem wird das Verwandtschaftsverhältnis des Angenommenen und seiner Abkömmlinge zu seinen leiblichen Verwandten grundsätzlich nicht berührt.

Auflage

Mit der Auflage hat der Erblasser die Möglichkeit, einen Erben oder Vermächtnisnehmer zu einer Leistung zu verpflichten, ohne einem anderen damit ein Recht auf die Leistung zu geben (Unterschied zum → *Vermächtnis*).

Typische Auflagen sind z. B. die Festlegung einer → *Grabpflege-Anordnung* oder bestimmte Vorgaben zur Art und Durchführung der Bestattung. Derartige letztwillige Verfügungen können z. B. auch vorsehen, daß bestimmte Nachlaßgegenstände (auch bis hin zu einem bestimmten Familiengrundstück) im Familienbesitz über einen bestimmten Zeitraum gehalten werden sollen. Erbe oder Vermächtnisnehmer können auch z. B. die Auflage erhalten, aus der erhaltenen Barzuwendung einen bestimmten Betrag etwa an gemeinnützige Zwecke etc. abführen zu müssen.

Da bis auf wenige Ausnahmen eine derartige Auflage dem Grunde nach nicht erzwungen werden kann, gibt es für die Durchsetzung an und für sich nur die Möglichkeit, daß der Erbe/Vermächtnisnehmer die Zuwendung erst dann erhalten soll, wenn er eine bestimmte festgelegte Auflage erfüllt hat oder ein vom Erblasser bestimmter Testamentsvollstrecker die Erfüllung derartiger Auflagen überwacht.

Auch die Anordnung einer Auflage unterliegt den gleichen strengen **Formvorschriften**, wie insgesamt eine Verfügung von Todes wegen (→ *Testamente*).

Ausschlagung der Erbschaft

Die Rechte und Pflichten des Erblassers gehen im Zeitpunkt des Todes sofort (automatisch, d. h. ohne ausdrückliche Annahme der Erbschaft) insgesamt auf den Erben über. Stellt sich jedoch heraus, daß der Nachlaß überschuldet ist oder will der jetzige Erbe diesen einem anderen zukommen lassen, kann er die Erbschaft ausschlagen und dadurch den bereits erfolgten Anfall der Erbschaft wieder rückgängig machen.

Die Ausschlagung kann nur binnen 6 Wochen erfolgen, wobei die Frist mit dem Zeitpunkt beginnt, in welchem der Erbe vom Anfall der Erbschaft und dem Grund seiner Berufung Kenntnis erlangt hat. Liegt ein Testament vor, so beginnt die Ausschlagungsfrist nicht vor der Eröffnung des Testaments durch das Nachlaßgericht. Die Ausschlagungserklärung erfolgt gegenüber dem Nachlaßgericht und ist entweder dort zur Niederschrift oder in öffentlich beglaubigter Form abzugeben.

Mit der Ausschlagung erhält nun derjenige den Nachlaß, der nach → gesetzlicher Erbfolge oder nach testamentarischer Ersatzerbenbenennung geerbt hätte, wenn der Ausschlagende zur Zeit des Erbfalls nicht gelebt hätte (→ *Gesetzliche Erbfolge*). In der Regel sind dies die Kinder des Ausschlagenden.

Die ausdrückliche Annahme, die Ausschlagung oder die Versäumung der Ausschlagungsfrist können seitens des Erklärenden **angefochten** werden. Hat der Erbe die Ausschlagungsfrist nur versäumt, weil er über ihr Bestehen oder die Rechtsfolgen ihres Ablaufs in Unkenntnis gewesen ist, so kann er die Fristversäumnis wirksam anfechten mit der Folge, daß die Erbschaft als ausgeschlagen gilt. Stellen sich nach Ablauf der Ausschlagungsfrist Tatsachen heraus, die die Überschuldung des Nachlasses begründen, so kann die Versäumung der Ausschlagungsfrist ebenfalls angefochten werden. Die Anfechtungsfrist beträgt wie die Ausschlagungsfrist 6 Wochen und beginnt mit dem Zeitpunkt, in welchem der Anfechtungsberechtigte von dem Anfechtungsgrund Kenntnis erlangt; im

Beispiel der Überschuldung des Nachlasses beginnt die Frist also mit Kenntnis der Überschuldung.

Wegen möglicher Gestaltungsmöglichkeiten z. B. auch für den überlebenden Ehegatten, sollte ggf. innerhalb der 6-Wochen-Frist unverzüglich sachkundige Beratung in Anspruch genommen werden.

Bestattungsarten

Über die wichtigsten Bestattungsarten informieren die nachfolgenden Hinweise. Für die Entscheidung, ob man eine **Erd-** oder **Feuerbestattung** wählt, ist meist das religiöse Empfinden des Erblassers oder seiner Angehörigen ausschlaggebend. Die Entscheidung wird z. T. auch davon abhängig sein, welche Grabstätten bereits vorhanden sind, da z. B. bei einem Familien-Urnengrab schon aus Belegungsgründen eine Erdbestattung nicht möglich ist. Auch die örtliche Friedhofs-Satzung kann die Bestattungsart vorschreiben.

Eine klare Aussage darüber, was eine „Beerdigung" kostet, kann an und für sich nicht gemacht werden. Dies hängt von den Wünschen des Erblassers, zumindest der Angehörigen ab. Die Beerdigungsinstitute und Städtischen Friedhofsämter bieten hier eine Vielzahl von Auswahlmöglichkeiten nicht nur zur Durchführung der Bestattung, sondern insbesondere zur Sargausstattung etc. an.

Als Faustregel kann man sagen, daß eine Feuerbestattung zwischen 2.800,– DM und ca. 3.500,– DM, eine Erdbestattung mit Trauerfeier bereits ca. 3.500,– bis 4.500,– DM kostet. Diese ungefähren Werte beinhalten eine „gewöhnliche" Trauerfeier, allerdings sind die nicht unerheblichen Kosten für Grabstein, Umfassung oder aber auch Aufwendungen für die erstmalige Anschaffung eines Kaufgrabes etc. dabei nicht berücksichtigt.

Natürlich gibt es hier auch gewisse „Preiskämpfe" zwischen den Bestattungsunternehmen, da sog. Billiganbieter versuchen, zumindest bei Erdbestattungen durch Alternativangebote (insbesondere bei Särgen) die Aufwendungen zu reduzieren. Ob sich diese Maßnahmen durchsetzen, bleibt abzuwarten. Der Kunde des Bestattungsinstitutes wird mit Sicherheit seine Entscheidung davon abhängig machen, ob die Durchführung der Beerdigung ihm auch weiterhin die umfangreichen Service- und Beratungsleistungen garantieren.

Recht problematisch ist die Bestattungsmöglichkeit für **Fehl-** und **Frühgeburten**. Schon in den Satzungen der Gemeinden/Städten ist z. T. festgelegt, daß eine Bestattung nur bei Frühgeburten ab 1000 Gramm möglich ist. Nach den derzeit gültigen Bestattungsgesetzen der Länder dürfen Fehlgeburten nicht bestattet werden, sondern sie werden über die Kliniken *beseitigt*. Nicht umsonst hat sich hieran eine Diskussion über eine gebotene Gesetzesänderung entzündet, da aufgrund der schon vor Jahrzehnten in Kraft getretenen Bestattungsgesetze eine Anpassung an heutige Gegebenheiten erforderlich ist; dies schon im Hinblick auf die weitergehenden ärztlichen Erfolge auch bei Frühgeburten und der persönlichen Bindung der Eltern an das Kind.

Zur Erlangung eines für die Bestattung notwendigen Totenscheins sollte bei einem besonderen Interesse an einer Bestattung der verstorbenen Frühgeburt bei Lebendgewichten unter 1000 Gramm auch sofort die Klinikverwaltung auf den Beisetzungswunsch aufmerksam gemacht werden.

Bestattungsarten im Überblick:

Erdbestattung
Wissen sollte man, daß eine Beerdigung frühestens 48 Stunden nach dem Todeseintritt durchgeführt werden darf. Zunächst erfolgt die Überführung in eine Totenhalle; eine auswärtige Bestattung muß innerhalb von vier Tagen nach dem Todeseintritt erfolgen. Eine Fristverlängerung, etwa wegen einer Beisetzung an einem auswärtigen Ort, ist möglich, bedarf jedoch z. T. länderrechtlich verschiedener behördlicher Genehmigungen.

Für die Aufbahrung im Sterbehaus gilt eine Verweildauer von maximal 36 Stunden. Danach muß eine Überführung in eine Totenhalle vorgenommen werden, wenn eine derartige Halle in der Gemeinde vorhanden ist. Eine längere Aufbewahrung bedarf wiederum einer besonderen behördlichen Genehmigung.

Feuerbestattung
Der Regelfall ist die Erdbestattung. Wer eine Feuerbestattung bei seinem Ableben wünscht, muß dies entweder in Form einer **Verfügung von Todes wegen** oder über eine sonstige **eigenhändig erstellte** und unterschriebene **Erklärung** festlegen.

Sollte der Erblasser keine schriftliche Bestimmung fixiert haben, kann die Entscheidung über eine Feuerbestattung von den direkten nächsten Angehörigen getroffen werden, und zwar zunächst durch die Ehefrau, dann durch volljährige vorhandene Kinder, dann ggf. durch Eltern etc. Die **Erklärung** der Angehörigen muß im übrigen zur Durchführung der Feuerbestattung **schriftlich** gegenüber dem Bestattungsinstitut abgegeben werden. Ohne diese Erklärung und einer Feuerbestattungsbescheinigung darf eine Verbrennung im Krematorium nicht durchgeführt werden. Es ist auch möglich, daß die entsprechende Erklärung gegenüber dem Standesamt direkt abgegeben werden kann.

Die Durchführung der Feuerbestattung selbst ist strengen gesetzlichen Regelungen unterworfen.

Wer zu Lebzeiten seinen Wunsch zur Feuerbestattung seinen direkten Angehörigen mitteilen will, sollte zweckmäßigerweise dies nicht unbedingt noch im Testament oder Erbvertrag aufnehmen im Hinblick auf die Zeitdauer bis zur Eröffnung des Testaments gegenüber den nahen Angehörigen.

Bestattungsarten

Anonyme Bestattung
Insbesondere in nördlichen Bundesländern sind sog. anonyme Beisetzungen verbreitet. Hier wird nach einer Feuerbestattung die Urne auf speziell angelegten Friedhöfen beigesetzt. Unabhängig von der Tatsache, daß Angehörige über den Verbleib des Urnengrabes damit nicht mehr informiert sind, werden insbesondere auch ökologische Bedenken vorgebracht, da bepflanzte Friedhöfe zum Luftaustausch und Klimaausgleich beitragen.

Auch für Erdbestattungen bieten größere Friedhöfe spezielle Friedhofsfelder mit der Möglichkeit einer anonymen Bestattung an.

Mit Sicherheit werden für die Wahl dieser Bestattungsart nicht nur die Kosteneinsparungen (Grabstein, Umrandung, Pflegekosten) ausschlaggebend sein, sondern auch die Einschätzung des Erblassers, ob Verwandte/Bekannte vorhanden sind, die aufgrund einer persönlichen Bindung sich künftig um die Grabstelle kümmern (→ *Grabpflege*).

Seebestattung
Für eine Seebestattung ist zunächst erforderlich, daß sich aus den Unterlagen des Erblassers ergibt, daß dieser zu Lebzeiten eine derartige **Willenserklärung** für eine Seebestattung abgegeben hat. Im Regelfall wird auch die Durchführung der Seebestattung einem Bestattungsinstitut übertragen, das ohnehin die Einäscherung einschließlich einer etwaigen Trauerfeier etc. organisieren wird. Es gibt hierfür spezielle **Seebestattungs-Reedereien**, die entweder direkt von den Angehörigen oder durch Vermittlung des Bestattungsinstituts zu beauftragen sind.

Sieht man von gewissen zusätzlichen formalrechtlichen Voraussetzungen (Freigabeerklärung) ab, wird die Urne nach der Einäscherung an die Bestattungs-Reederei geschickt. Festzulegen ist zuvor, ob noch eine separate Trauerfeier vor Ort stattfinden soll oder – was ebenfalls möglich ist – auf dem gecharterten Schiff.

Eine Seebestattung kann ausschließlich in der Nord- oder Ostsee stattfinden, wobei sogar der Erblasser selbst bzw. die Angehörigen weitgehend bestimmen können, an welcher Stelle die Urne der See übergeben werden soll. Die genaue Stelle in einem festgelegten Seegebiet wird auf einer Seekarte vermerkt.

Die **Kosten** für eine Seebestattung, die zu den sonst fälligen Kosten für eine Feuerbestattung hinzukommen, berechnen sich natürlich auch im wesentlichen danach, in welchem Seegebiet die Urne dem Meer übergeben werden soll, ob eine zusätzliche Trauerfeier mit weiteren Angehörigen stattfindet und welche (besonders erforderliche) Seeurne verwendet wird.

Möglich ist auch eine **nachträgliche Seebestattung**, wenn etwa eine vorherige Friedhofs-Beisetzung schon stattgefunden hat. Dies gilt z. B. für die Fälle, wo der hinterbliebene Ehepartner verstirbt und der Wunsch besteht, mit dem vorverstorbenen Ehepartner zusammen auf See bestattet zu werden.

Enterbung

Muster

> Ich, (Name, Anschrift), geb. am ...., erkläre hiermit, daß es mein ausdrücklicher Wunsch ist, daß meine Urne auf hoher See beigesetzt wird, da ich mich mit dem Meer schon bisher sehr verbunden fühle.
>
> Ort/Datum   Unterschrift

Erforderlich ist im übrigen, daß auch die Angehörigen entsprechend dem Verwandtschaftsgrad noch einen **Antrag auf Freigabe** der Urne zur Seebestattung gegenüber dem Bestattungsinstitut erteilen. Ähnlich wie bei Grabpflegeverträgen bieten Bestattungs-Reedereien z. T. zu Lebzeiten des Erblassers einen Seebestattungs-Vertrag mit einer Preissicherungsklausel an.

Enterbung

Der Erblasser kann grundsätzlich frei bestimmen, wer nach seinem Tode sein Erbe sein soll. Gebunden ist der Erblasser lediglich beim Vorliegen eines Erbvertrages (→ *Erbvertrag*) oder im Falle des gemeinschaftlichen Testaments, sofern der überlebende Ehegatte durch wechselbezügliche Verfügungen gebunden ist (→ *Testament*, insbesondere dort *Ehegatten-Testament*).

Sollen nahe Angehörige enterbt werden, führt dies bei Eintritt des Todesfalls u. U. zu Pflichtteilsansprüchen der Enterbten, die sich gegen die verbliebenen Erben richten können.

Die Enterbung naher Angehöriger kann ausdrücklich oder auch durch Einsetzung dritter Personen zu **Erben** erfolgen. Letzteres darf jedoch keinen Vorstoß gegen die guten Sitten beinhalten. Dies wäre z. B. der Fall, wenn die Geliebte als „Lohn" für ihre sexuelle Hingabe statt der Ehefrau bedacht wird.

Die Enterbung kann bei umfassender Testamentserstellung oder wie bei nachfolgendem Muster, auch in einer separaten letztwilligen Verfügung zu einem nachträglichen Zeitpunkt festgelegt werden, ohne die anderen Verfügungen zu beeinträchtigen.

Erbauseinandersetzung

Muster

> Mein letzter Wille
>
> Meinem Sohne Fritz, geb. am ...., schließe ich hiermit samt seinen Abkömmlingen von jeglichem Erbrecht aus. Dies soll ausdrücklich auch für jegliche Ersatzansprüche seiner etwaigen nichtehelichen Abkömmlinge gelten. Im übrigen verbleibt es beim Inhalt meines Testaments vom ....
>
> Ort/Datum   Unterschrift

Erbauseinandersetzung

Sind mehrere Erben vorhanden, dann geht der **gesamte Nachlaß** des Erblassers **ungeteilt auf die Miterben über**. Es bieten sich hier natürlich verschiedene Wege an, um eine Nachlaßverteilung innerhalb der Erbengemeinschaft herbeizuführen.

Zunächst kann bereits der Erblasser in der letztwilligen Verfügung bestimmen, daß eine **Nachlaßauseinandersetzung** entweder für eine bestimmte Zeit (nicht über 30 Jahre) oder bis zum Eintritt eines bestimmten Ereignisses (Volljährigkeit, Tod/Wiederverheiratung des überlebenden Ehegatten) ausgeschlossen sein soll. Zudem kann der Erblasser festlegen, daß bestimmte Gegenstände aus dem Nachlaß in oder ohne Anrechnung auf den Erbteil einem bestimmten Miterben zustehen sollen, d. h. bestimmte Miterben begünstigt werden sollen.

Sofern abweichende Anordnungen des Erblassers nicht bestehen, bestimmt die gesetzliche Regelung, daß die Erbengemeinschaft zunächst verpflichtet ist, vorhandene **Nachlaßverbindlichkeiten** zu erfüllen. Nachlaßwerte sind zumindest nach der gesetzlichen Regelung grundsätzlich durch Verkauf zu Geld zu machen. Noch gravierender kann es werden, wenn Grundstücke in den Nachlaß fallen. Hier kann theoretisch jeder Erbe beim Amtsgericht das **Zwangsvollstreckungsverfahren** beantragen, um eine Nachlaßauseinandersetzung herbeizuführen.

Die Erbauseinandersetzung kann daher jederzeit von einem Miterben gefordert werden. Ausnahmen bestehen nur dann, wenn der Erblasser dies durch ein Testament untersagt hat oder alle Erben sich darauf geeinigt haben, daß eine sofortige Teilung innerhalb eines bestimmten zeitlichen Rahmens nicht stattfinden soll. Allerdings gibt es auch hier für den einzelnen Erben die Möglichkeit, bei einem persönlichen Härtefall oder einer drohenden Verschlechterung des Nachlasses eine sofortige Auseinandersetzung zu verlangen.

Die Möglichkeit, eine einvernehmliche Nachlaßauseinandersetzung vorzunehmen, sollte daher bei jedem Erbfall grundsätzlich sofort gesucht werden. Es gilt auch hier der Grundsatz, daß es nicht auf die Höhe des Erbteils ankommt, sondern von allen Erben Einigkeit darüber verlangt wird, in welcher Weise sie sich auseinandersetzen wollen.

Möglich ist auch eine sog. **Teilauseinandersetzung**. Hier kann durch einen **notariellen Erbteilsübertragungsvertrag** erreicht werden, daß ein Miterbe völlig oder teilweise aus der Erbengemeinschaft ausscheidet. Durch Teilauseinandersetzung können vorab einzelne Nachlaßgegenstände unter den Miterben verteilt werden; hierzu ist u. U. notarielle Beurkundung nötig (z. B. wenn Grundstücke oder GmbH-Anteile verteilt werden sollen).

Darüber hinaus kann auch das Nachlaßgericht zur Ausarbeitung eines Teilungsplans angerufen werden. Findet der Vorschlag des Gerichts jedoch bei einem Miterben keine Zustimmung, scheitert auch dieser Vermittlungsversuch.

Es besteht dann allerdings noch vor den Zivilgerichten die Möglichkeit, über eine sog. **Auseinandersetzungsklage** zu versuchen, im Klagewege einen bestimmten Auseinandersetzungsplan gerichtlich durchzusetzen.

Daneben kann man natürlich auch jederzeit einen Notar oder sonstigen fachkundigen Berater als Person des Vertrauens einschalten, um einen Teilungsplan zu erarbeiten. Allerdings: Auch diese Vorschläge müssen nicht akzeptiert werden. Es kann nur die Empfehlung gegeben werden, zur Vermeidung sonst anfallender hoher Berater- und ggf. Gerichtskosten auf jeden Fall zu versuchen, sich einvernehmlich über eine Nachlaßauseinandersetzung zu verständigen.

Erbschaftsteuer

Nach dem Tod eines Steuerzahlers erlangt – z. T. fast automatisch – das Finanzamt Kenntnis von dem vorhandenen Vermögen. Die mit dem Todesfall befaßten Behörden (Standesamt, Notariat etc.) haben die Erbschaftsteuerstelle des Finanzamts von dem Todesfall zu informieren und ggf. durch Übersendung der Kopien vom Inhalt der Testamente, Erbverträge etc. in Kenntnis zu setzen. Darüber hinaus sind auch Bankinstitute, Postgiroämter und Bausparkassen zur Mitteilung der Kontenstände im Todesfall innerhalb eines Monats verpflichtet. Bei der bisherigen Verwaltungspraxis wird hier zunächst nur der Kontostand des Todestages mitgeteilt. Dieser Stichtag soll jedoch nach Bestrebungen der Finanzverwaltung noch u. U. um einen weiteren Tag vor dem Todesfall vorverlegt werden, um jeglichen „Manipulationen" entgegenzuwirken.

Erbschaftsteuer

Auch Versicherungsunternehmen trifft eine ähnliche Anzeigepflicht. Der Erbe selbst ist verpflichtet, innerhalb von drei Monaten einen Erwerb dem zuständigen Erbschaftsteuer-Finanzamt anzuzeigen.

Des weiteren sind die Erben dann verpflichtet, eine Erbschaftsteuererklärung abzugeben, die eine detaillierte Aufschlüsselung der Aktiva/Passiva des Erblassers vorsieht. Über die reine Festsetzung der Erbschaftsteuer hinaus informiert das Erbschaftsteuer-Finanzamt auch das zuständige Veranlagungs-Finanzamt der Erben, wenn der Reinwert des ermittelten Nachlasses mehr als 250.000 DM oder das zum Nachlaß gehörende Kapitalvermögen mehr als 50.000 DM beträgt. Damit geht ein etwaiger Vermögenszuwachs zu Besteuerungszwecken unabhängig von Erklärungen in die Steuererklärung des Erben ein.

Berechnung der Erbschaftsteuer: Die Erbschaftsteuer wird (wie auch die Schenkungsteuer) nach der Höhe des Erwerbs und nach der maßgeblichen Steuerklasse berechnet. Entscheidend sind also zunächst die verwandtschaftlichen Verhältnisse des Erben zum Erblasser.

Die nachfolgende **Tabelle 1** informiert über die einzelnen Steuerklassen und die persönlichen Freibeträge.

Tabelle 1: Steuerklassen und Freibeträge

Steuerklasse	Verwandtschaftsgrad	Persönliche Freibeträge bis	Sonstige Freibeträge bis
I	Ehegatte	1) 250.000 DM 2) 250.000 DM	3) 40.000 DM 4) 5.000 DM
	Kinder, Stiefk.; Enkel, deren Eltern verstorben sind.	1) 90.000 DM 2) bis zu 50.000 DM	
II	Enkel, Urenkel; Eltern, Voreltern bei Erwerben von Todes wegen.	1) 50.000 DM	3) 40.000 DM 4) 5.000 DM

1) Allgem. Freibetrag
2) Versorgungsfreibetrag
3) Freibetrag für Hausrat, Kunstgegenstände, Sammlungen (nicht Geld, Wertpapiere, Münzen, Schmuck).
4) Andere bewegliche körperliche Gegenstände, z. B. Kraftfahrzeuge, Musikinstrumente oder sonstige persönliche Gegenstände.

Erbschaftsteuer

Steuer-klasse	Verwandtschaftsgrad	Persönliche Freibeträge bis	Sonstige Freibeträge bis
III	Stiefeltern, Schwiegereltern; Geschwister, Neffen, Nichten; Schwiegerkinder; geschiedener Ehegatte.	1) 10.000 DM	3) 10.000 DM 4) 2.000 DM
IV	alle übrigen Erwerber	1) 3.000 DM 2) –	3) 10.000 DM 4) 2.000 DM

Tabelle 2: Erbschaftsteuersätze

Wert des steuerpflichtigen Erwerbs (§ 10) bis einschl. Deutsche Mark	Prozentsatz in der Steuerklasse			
	I	II	III	IV
50.000 DM	3	6	11	20
75.000 DM	3,5	7	12,5	22
100.000 DM	4	8	14	24
125.000 DM	4,5	9	15,5	26
150.000 DM	5	10	17	28
200.000 DM	5,5	11	18,5	30
250.000 DM	6	12	20	32
300.000 DM	6,5	13	21,5	34
400.000 DM	7	14	23	36
500.000 DM	7,5	15	24,5	38
600.000 DM	8	16	26	40
700.000 DM	8,5	17	27,5	42
800.000 DM	9	18	29	44
900.000 DM	9,5	19	30,5	46
1.000.000 DM	10	20	32	48
2.000.000 DM	11	22	34	50
3.000.000 DM	12	24	36	52
4.000.000 DM	13	26	38	54
6.000.000 DM	14	28	40	56
8.000.000 DM	16	30	43	58

Aus **Tabelle 2** läßt sich der anfallende Erbschaftsteuersatz errechnen, der nach Abzug der Freibeträge und sonstiger Steuerbefreiungen für den Erwerb anfällt. Hierzu noch folgende Hinweise:

Besteuerungsgrundlage bei Grundstücken des Grundvermögens (bebaute und unbebaute Grundstücke) ist der 1,4fache steuerliche Einheitswert. Für

_____ Erbschein

die Berechnung der Erbschaft- und Schenkungsteuer gilt daher nicht der Verkehrswert, d. h. der tatsächliche Wert des Grundstücks oder des Gebäudes, sondern lediglich der festgestellte Einheitswert.

Wissen sollten Sie, daß Sie somit „Vermögen" alle 10 Jahre zuwenden können und auch für diesen Zeitraum immer die vorgenannten Freibeträge jeweils **neu** erhalten.

Zu beachten ist aber, daß alle Zuwendungen innerhalb von 10 Jahren von derselben Person durch Schenkung und im Erbwege zusammengerechnet werden, wobei die Freibeträge nach Tabelle 1 nur einmal gewährt werden.

Verfügen beide Elternteile über eigenes Vermögen, können Kinder daher steuerfreie Zuwendungen bis zu 90.000 DM von beiden Elternteilen erhalten. Die Verdoppelung der Freibeträge gilt auch bei Zuwendungen von Großeltern an Enkelkinder.

Steuerlich noch günstiger werden land- und forstwirtschaftliche Grundstücke behandelt; hier wird der zuletzt festgestellte Einheitswert (ohne die Erhöhung auf das 1,4fache) als Wertansatz angenommen.

Waren weder der Erblasser noch der Erwerber Steuer-Inländer, gibt es für die Steuerklassen I bis IV einen persönlichen Freibetrag von lediglich 2.000 DM. Der Besteuerung unterworfen ist das im Bundesgebiet einschließlich West-Berlin belegene Vermögen.

Wegen weiterer steuerlicher Hinweise siehe Abschn. 5.

Erbschein

Um sich als Erbe gegenüber Gläubigern, Schuldnern legitimieren zu können, sieht bereits das Gesetz die Erteilung eines Erbscheins vor. Dieser wird als amtliche Urkunde **auf Antrag vom Nachlaßgericht erteilt** und stellt das Erbrecht des Antragstellers mit öffentlichem Glauben fest.

Neben der Erbquote ist auch eine etwaige Nacherbfolge oder Testamentsvollstreckung hieraus ersichtlich.

Miterben können einen Erbschein für sich beantragen; gebührenmäßig günstiger ist in diesem Fall allerdings ein gemeinschaftlicher Erbschein. Dieser gibt über den Umfang (Wert) des Nachlasses oder über Vermächtnisse, Teilungsanordnungen etc. keine Auskunft.

Der Nachweis des Erbrechts durch Erbschein ist insbesondere dann erforderlich, wenn etwa in der Erbmasse ein Grundstück vorhanden ist: Stellt der Erbe den notwendigen Antrag auf Umschreibung des Grundbuchs, fordert das Grundbuchamt die Vorlage des Erbscheins an. Eine **Ausnahme** besteht lediglich für das **öffentliche Testament oder den Erbvertrag.** Die Vorlage einer Ausfertigung einer letztwilligen Verfügung mit Eröffnungsprotokoll genügt als Nachweis für das Erbrecht.

Erbvertrag

Vermögensregelungen für den Todesfall können nicht nur **über ein Testament** vorgenommen werden, **sondern auch durch einen Vertrag,** den der Erblasser mit einer anderen Person abschließt. Der wesentliche Unterschied gegenüber dem Testament besteht darin, daß z. B. darin enthaltene Erbeinsetzungen, Vermächtnisse und Auflagen durch letztwillige Verfügungen widerrufen werden können, während der Abschluß eines Erbvertrags zu weitgehenden rechtlichen Bindungen führt, die auch ein Erblasser im Regelfall (einseitig) nicht mehr aufheben kann.

Im Gegensatz zum Ehegatten-Testament können beliebige Personen einen Erbvertrag miteinander abschließen. Derjenige, der in dem Erbvertrag von Todes wegen verfügt, d. h. der sog. Erblasser kann den Erbvertrag nur persönlich schließen und muß grundsätzlich unbeschränkt geschäftsfähig sein.

Ein Erbvertrag kann nur zur Niederschrift bei einem **Notar** bei gleichzeitiger Anwesenheit beider Teile geschlossen werden, wobei sich allerdings der Begünstigte durch einen Bevollmächtigten vertreten lassen kann. Die Vorschriften über die Errichtung eines öffentlichen Testaments gelten entsprechend.

Die besondere Wirkung des Erbvertrages liegt darin, daß der Erblasser bei sog. vertragsmäßigen Verfügungen nur eine sehr eingeschränkte Möglichkeit hat, sich nach Vertragsabschluß hiervon wieder zu lösen. **Vertragsmäßig** ist eine Verfügung dann, wenn sich der Erblasser gegenüber dem Vertragspartner binden wollte, was im Zweifel dann der Fall ist, wenn Zuwendungen an den Vertragspartner oder ihm nahestehende Personen erfolgen sollen. Nicht vertragsmäßige Verfügungen, die quasi nur anläßlich des Vertragsabschlusses im Erbvertrag erfolgten, können jederzeit durch Errichtung eines anderen, neuen Testaments widerrufen werden (→ *Testament*).

Eine derartige erbvertragliche Regelung bietet sich z. B. dann an, wenn einerseits der Erblasser bis zu seinem Tode versorgt sein will, andererseits der Vertragspartner nicht auf die vage Aussicht einer Erbschaft vertrauen will. Dann verpflichtet sich der Vertragspartner, den Erblasser bis an sein Lebensende zu versorgen, während der Erblasser dementsprechend letztwillig verfügt: In der Praxis sollte hier eine Rücktrittsklausel für den Fall vereinbart werden, wenn der Vertragspartner des Erblassers seinen Unterhalts- oder Pflegeverpflichtungen nicht nachkommt. Auch empfiehlt sich eine besondere Konkretisierung der vertraglich festgelegten Verpflichtungen für Not- oder Krankheitsfälle.

Gesetzliche Erbfolge

Hat der Erblasser zu Lebzeiten keine letztwilligen Verfügungen etwa durch → *Testament* oder → *Erbvertrag* getroffen, tritt (automatisch) die sog. **gesetzliche Erbfolge** ein. Beabsichtigt ist damit, daß zunächst ein etwaiger Ehepartner und die nächsten Verwandten bedacht werden sollen.

Wer nach dem Gesetz Erbe geworden ist, richtet sich daher grundsätzlich zunächst nach dem **Grad der Verwandtschaft**.

Neben den gesetzlichen Erben erbt in jedem Fall ein überlebender **Ehegatte**. Bei den Verwandten des Verstorbenen ist wiederum der Grad der Verwandtschaft entscheidend. Zunächst erben die eigenen Kinder, sollten diese nicht mehr leben, deren Kinder oder Kindeskinder (Erben 1. Ordnung).

Sind keine direkten Nachkömmlinge mehr da, dann erben erst die Eltern des Erblassers, sollten diese verstorben sein, deren Kinder oder Kindeskinder (Erben 2. Ordnung).

Hat ein Verstorbener weder eigene Kinder noch Eltern und Geschwister, erben die Großeltern bzw. deren Abkömmlinge (Erben 3. Ordnung).

Grundsatz: Ein Erbe einer näheren Ordnung schließt alle einer ferneren Ordnung aus.

Besonderheiten beim Ehegatten: Lebte dieser im gesetzlichen **Güterstand der Zugewinngemeinschaft** mit dem Verstorbenen (der Regelfall, wenn keine abweichende Vereinbarung zwischen den Ehegatten durch Ehevertrag besteht), so **erhöht** sich dessen Erbteil **um ein Viertel**.

Unabhängig vom Güterstand erbt der Ehegatte auf jeden Fall

zu ¼ neben den Verwandten 1. Ordnung,

zu ½ neben den Verwandten 2. Ordnung oder neben den Großeltern,

zusätzlich erhält er zum Erbteil den sog. „Voraus", d. h. die zum ehelichen Haushalt gehörenden Gegenstände, Hochzeitsgeschenke etc.

Alleine erbt der Ehegatte dann, wenn weder Erben 1. noch 2. Ordnung noch Großeltern vorhanden sind.

Somit ergibt sich z. B. beim Todesfall eines Ehepartners (bei Zugewinngemeinschaft), zwei Kinder sind vorhanden, daß der überlebende Partner Erbe zu ½ wird, die Kinder zu je ¼.

Was gilt beim Erbfall, wenn Gütertrennung vereinbart war? Sind als gesetzliche Erben neben dem überlebenden Ehegatten ein oder zwei Kinder des Erblassers vorhanden, erben der überlebende Ehegatte und jedes Kind zu gleichen Teilen. Ansonsten verbleibt dem überlebenden Ehegatten stets ¼ Erbteil.

Anders ist die Rechtslage allerdings dann, wenn der Ehegatte völlig enterbt ist: Im Fall der gesetzlichen Zugewinngemeinschaft wird der tatsächlich erzielte **Zugewinn ausgeglichen.** Daneben erhält der Ehegatte den Pflichtteil, d. h. die Hälfte des gesetzlichen Erbteils. Bei der Berechnung des Pflichtteils ist zu beachten, daß der jetzt nicht erhöhte gesetzliche Erbteil des Ehegatten maßgebend ist (d. h. wenn Abkömmlinge vorhanden sind: Erbteil ¼; Pflichtteil ⅛).

Wird ein Ehegatte testamentarisch bedacht, findet ein Ausgleich des tatsächlichen Zugewinns nicht statt, vorausgesetzt, der Ehegatte nimmt die Erbschaft an. Ist der zugewendete Erbteil geringer als der Wert des Pflichtteils, so kann der überlebende Ehegatte daneben noch einen Zusatzpflichtteil verlangen. Der Wert des Pflichtteils (d. h. die Hälfte des gesetzlichen Erbteils) berechnet sich jedoch nach dem um ¼ erhöhten gesetzlichen Erbteil (sog. **großer Pflichtteil**).

Schlägt der überlebende Ehegatte die Erbschaft oder das Vermächtnis aus, kann er zunächst den tatsächlichen güterrechtlichen Ausgleich des Zugewinns beanspruchen. Zusätzlich hat er den Anspruch auf den Pflichtteil, wobei sich dieser aus der Hälfte des sich nicht erhöhten Erbteils berechnet.

Tip:

Je nach Höhe des Zugewinnausgleichs kann es u. U. für den überlebenden Ehegatten günstiger sein, die Erbschaft durch Gesetz (oder Testament) auszuschlagen, um auf diese Weise eine tatsächliche Berechnung des Zugewinns herbeizuführen. In der Regel ist die Ausschlagung der Erbschaft dann vorteilhafter, wenn der Anspruch auf Zugewinnausgleich ⅜ des Nachlaßwertes übersteigt.

Grabpflege

An und für sich haben die Erben lediglich die Kosten einer standesgemäßen Bestattung zu tragen, wozu allerdings auch die Aufwendungen für die Errichtung einer Grabanlage zählen. Keine rechtliche Verpflichtung besteht für die Erben hinsichtlich der **Grabpflege.** Hier besteht allenfalls eine sittliche Verantwortung, die i.d.R. von den Erben, zumindest nahen Angehörigen oder sonstigen Vertrauten des Erblassers getragen wird. Kann diese Pflege nicht selbst erbracht werden, dürfte es sich empfehlen, mit einer Friedhofsgärtnerei einen **Dauergrabpflegevertrag** abzuschließen. Dies gilt insbesondere für die Fälle, wo sich die Grabstelle auf einem entfernten Friedhof befindet, wenn z. B. keine Möglichkeit besteht, für eine ordnungsgemäße Bepflanzung selbst zu sorgen. Zu beachten ist weiterhin, daß z. T. in den Friedhofssatzungen festgelegt ist, daß eine ordnungsgemäße Bepflanzung und Pflege des Grabes vorgenommen werden muß.

Über die Friedhofsgärtnereien kann jederzeit ein sog. **Dauergrabpflegevertrag** (meist Treuhandvertrag) abgeschlossen werden. Danach verpflichtet sich der Angehörige, für eine bestimmte Laufdauer, meist 10 bis 20 Jahre, in Höhe eines bestimmten Betrages den Auftrag für eine Dauergrabpflege bzw. Bepflanzung zu geben. Der Aufwand hierfür bewegt sich in Höhe von 200 bis 300 DM pro Jahr, wobei bei Abschluß des Vertrages im einzelnen die Höhe des Aufwandes festgelegt werden kann.

Die Aufwendungen für eine durchschnittliche Laufzeit von über 15 Jahren liegen bei ca. 4.300 DM. Bereits 30% der Gräber werden von Friedhofsgärtnereien betreut.

Der jährlich anfallende Betrag kann auch im voraus auf ein Bank-Treuhandkonto insgesamt eingezahlt werden. Das bietet insoweit den Vorteil, daß keine finanziellen Rückstellungen für Folgejahre gebildet werden müssen. Möglich ist darüber hinaus aber auch eine Vereinbarung, den Betrag jährlich nach Rechnungsstellung zu zahlen. Der Dauergrabpflegevertrag umfaßt im einzelnen meist die **gärtnerische Anlage der Grabstätte,** die ständige **gärtnerische Betreuung** und **Pflege, Aufstellung von Grabschmuck** zu bestimmten Gedenktagen oder Feiertagen, **Abdeckung des Grabes** und ggf. Auffüllung des Grabes nach Einsenkungen etc.

Die tätigen Friedhofsgärtnereien sind überwiegend in Genossenschaften zusammengeschlossen, so daß in finanzieller Hinsicht auch bei Abschluß eines Dauergrabpflegevertrages aufgrund der eingeschalteten Treuhandstellen bzw. Genossenschaften Sicherheiten für die Vertragserfüllung bestehen. Adressen über angeschlossene Friedhofsgärtnereien können auch über den Bund der Friedhofsgärtner, Postfach 20030, 5300 Bonn 2, oder über das Bestattungsinstitut, angefordert werden.

Unabhängig von der sittlichen Pflicht zur Bepflanzung müssen die Erben auf jeden Fall für die Verkehrssicherheit des Grabsteins und der Grabumrandung Sorge tragen.

Grabwahl

Unabhängig von den → *Bestattungsarten* ist die Dauer der sog. Ruhezeit für den Leichnam bzw. die Urnen – örtlich z. T. differenziert – in den gültigen Friedhofssatzungen der Stadt- bzw. Landgemeinden geregelt.

Die Dauer der Ruhezeit hängt sehr oft von der Platzsituation des Friedhofs ab.

Für Erd- oder Feuerbestattungen werden folgende Grabstellen angeboten:

Grabwahl

Reihengräber

Hierbei wird eine Bestattung nach der zeitlichen Folge des Todesfalls auf vorgesehenen Grabreihen vorgenommen. Wiederum nach der Anlage des Friedhofs richtet sich die Entscheidung, ob z. B. ein Urnengrab neben einem Grab mit Erdbestattung angelegt werden kann. Meist sind Urnen-/Erdgräber getrennt in Reihen zusammengefaßt. Ob Ausnahmen berücksichtigt werden können, richtet sich nach der Friedhofssatzung bzw. den tatsächlichen Belegmöglichkeiten vor Ort.

Für Erdbestattungen beträgt die **Ruhezeit** z. B. in Großstädten meist 15—20 Jahre. In Landgemeinden sind Ruhezeiten zwischen 20—25 Jahren üblich, die sich z. T. aber sogar bis zu 40 Jahren verlängern können. Kürzere Ruhezeiten bestehen eindeutig für Urnen-Reihengräber (Städte 15 Jahre, sonst meist 20 Jahre).

Z. T. ist eine Verlängerungsmöglichkeit über die örtliche Satzung bei Urnen-Reihengräbern ausgeschlossen.

Wahlgräber

Ein Wahlgrab wird meist schon zu Lebzeiten erworben, wobei dann hinsichtlich des genauen Ortes bei Neuanlage örtliche Wünsche berücksichtigt werden können.

Unterschieden wird hier zwischen **Doppel-** oder sogar mehrstelligen **Wahlgräbern.**

Für die Entscheidung wird ausschlaggebend sein, ob z. B. bei einem Wahl-Doppelgrab eine Ruhestätte für Eheleute beabsichtigt ist oder eine Familiengrabstätte eingeplant werden soll.

Die Friedhofssatzungen sehen für Wahlgräber Nutzungszeiten von meist 15/20/25 Jahren vor, mit der Möglichkeit einer weitergehenden zeitlichen Verlängerung, z. T. aber beschränkt auf allenfalls weitere 25 Jahre.

Ähnliche **Ruhezeiten** bestehen für Urnen-Wahlgräber.

Auch die **Höhe der Nutzungsgebühren** hängt nicht nur von der jeweiligen Grabart ab, sie bestimmt sich insbesondere nach der Dauer der Ruhezeit. Zudem bestehen eindeutig regionale Gebührenunterschiede, wobei in sog. Ballungsgebieten etwa im Bereich einer Großstadt erfahrungsgemäß höhere Gebühren anfallen als z. B. in einer Landgemeinde. Es besteht allerdings hier kein großes Wahlrecht für die Bestattung auf einem bestimmten Friedhof. In Städten sehen die Friedhofsordnungen bereits eine Bestattung in festgelegten Bestattungsbezirken vor. Es bedarf auf jeden Fall einer Ausnahmegenehmigung, um außerhalb des letzten Wohnortes beigesetzt zu werden. Auch müssen hierfür besondere Gründe (unabhängig von Kapazitätsproblemen) dargelegt werden, etwa die langjährige Verbundenheit zu einer bestimmten Gemeinde.

Haftung des Erben

Die **Schulden** des Erblassers gehen mit dem Erbfall **auf den Erben über.** Er haftet daher, sofern er die Erbschaft nicht ausschlägt, unbeschränkt, d. h. auch mit seinem eigenen Vermögen für die Nachlaßverbindlichkeiten. Bei einer Erbengemeinschaft besteht eine gesamtschuldnerische Haftung, d. h. ein Gläubiger kann sich an jeden der Miterben zur Erfüllung der Verbindlichkeiten halten. Im Innenverhältnis, also zwischen den Miterben, besteht dann allerdings ggf. eine Ausgleichspflicht, da jeder Miterbe (intern) nur nach seiner Erbquote haftet. Das Gesetz sieht aber vor, daß der Erbe durch bestimmte Maßnahmen seine Haftung auf den Nachlaß beschränken kann, in erster Linie durch **Nachlaßverwaltung** und **Nachlaßkonkurs.** Unabhängig hiervon kann der Erbe eine Berichtigung eventueller Schulden bis zu 3 Monaten nach Annahme der Erbschaft verweigern (sog. Dreimonatseinrede), sofern er seine im folgenden zu erörternden Möglichkeiten der Haftungsbeschränkung noch nicht verloren hat.

Nachlaßverwaltung
Die Nachlaßverwaltung ist für die Fälle gedacht, in denen der Nachlaß zwar nicht überschuldet erscheint, in denen aber der Erbe die Mühe der Abwicklung und die Gefahr einer Inanspruchnahme seines eigenen Vermögens vermeiden will.

Die Nachlaßverwaltung wird auf **Antrag des Erben** oder u. U. auf Antrag eines Nachlaßgläubigers vom Nachlaßgericht angeordnet. Zuständig ist das Amtsgericht, in Baden-Württemberg das staatliche Notariat, in dessen Bezirk der Erblasser zuletzt seinen Wohnsitz hatte. Mit der Anordnung der Nachlaßverwaltung tritt die **Haftungsbeschränkung** ein und der Erbe verliert die Verwaltungs- und Verfügungsbefugnis hinsichtlich des Nachlasses. Hierzu ist jetzt der sog. **Nachlaßverwalter** berufen, der vom Nachlaßgericht ausgewählt und bestellt wird. Der Nachlaßverwalter erfüllt nunmehr alle bekannten Nachlaßverbindlichkeiten. Den Überrest erhält der Erbe. Tauchen später weitere Nachlaßgläubiger auf, so ist die Haftung des Erben auf diesen Überrest beschränkt.

Nachlaßkonkurs
Steht fest, daß der Nachlaß überschuldet ist, so hat der Erbe grundsätzlich zwei Möglichkeiten. Zunächst kann er innerhalb der **Ausschlagungsfrist** (vgl. → *Ausschlagung*) die Erbschaft ausschlagen. Ist diese Frist verstrichen, so kann er seine Haftung durch Beantragung des Nachlaßkonkurses wirksam **beschränken.** Hierzu ist der Erbe nicht nur berechtigt, sondern sogar verpflichtet: Bei verspäteter oder gänzlich fehlender Antragstellung macht sich der Erbe gegenüber den Nachlaßgläubigern schadenersatzpflichtig. Das Gericht bestellt nun

einen Konkursverwalter, wodurch die Trennung des Nachlasses vom Eigenvermögen des Erben herbeigeführt wird. Auch wenn nun der Konkurs durch Verteilung der Masse beendet wird oder sogar das vorhandene Nachlaßvermögen so gering ist, daß nicht einmal die Kosten des Verfahrens gedeckt sind, haftet der Erbe nicht mit seinem Eigenvermögen.

Hat der Erbe vor Beantragung der Nachlaßverwaltung oder des -konkurses bereits auf eigene Rechnung über Nachlaßgegenstände verfügt, so muß er dem Verwalter bzw. dem Nachlaßgläubiger **Ersatz** leisten.

Körperspende

Völlig getrennt von der Organtransplantation und Obduktion (s. Abschn. 2.3.2) ist die Erklärung, den Körper oder Teile davon **nach** dem Ableben **wissenschaftlichen Zwecken** zur Verfügung zu stellen. Die anatomischen Institute der deutschen Universitäten sind bereit, schon zu **Lebzeiten** zusammen mit dem Interessenten die wichtigsten organisatorischen Schritte für den Fall des Ablebens zu regeln. Verlangt wird von den Universitätsinstituten u. a. von dem **Verstorbenen,** daß ein dahingehendes **handschriftliches Vermächtnis** vorliegt. Eine derartige Bestimmung kann sich natürlich auch aus anderen Willenserklärungen ergeben, die ggf. den nahen Angehörigen beim Todesfall bekannt sind.

Zu beachten ist, daß im Hinblick auf die wissenschaftlichen Untersuchungen an dem überlassenen Körper zur Ausbildung des ärztlichen Nachwuchses eine Bestattung im Regelfall sogar meist erst nach Ablauf eines Jahres vorgenommen wird.

Entgegen weit verbreiteter Meinungen wird jedoch auch von den Universitätsinstituten bei der Überlassung des Körpers keinerlei finanzielle Zuwendung an den Verfügenden oder an Hinterbliebene gewährt. Es werden jedoch einige mit dem Todesfall zusammenhängende Kosten übernommen, wie z. B. Leichenschaugebühren, Transportkosten, Kosten für etwaige Aussegnungsfeiern und auch eine Beisetzung auf den meist universitätseigenen Gräberfeldern und für die Grabpflege.

Ein derartiges **Vermächtnis** mit der Körperspende ist wie ein handschriftliches Testament **handschriftlich zu verfassen.** Aus organisatorischen Gründen dürfte es sich empfehlen, das betreffende anatomische Institut der Universität vorab vom Inhalt des getroffenen Vermächtnisses durch Übersendung einer Kopie zu verständigen. Ggf. dürfte sich ein Kontaktgespräch zur Errichtung einer derartigen Verfügung insoweit empfehlen.

Der Inhalt des nachfolgenden Musters kann auch im Rahmen eines allgemeinen Testamentes verwendet werden. Wegen der notwendigen organisatorischen Schritte nach dem Sterbefall empfiehlt sich jedoch eine schriftliche Niederlegung in einer separaten, eigenhändig erstellten Verfügung.

Muster

> **Vermächtnis**
>
> Ich, ... geb. am .... in ....
> Religion .... derzeit wohnhaft in: ....
> im Vollbesitz meiner geistigen Kräfte, lege hiermit
> fest, daß nach meinem Ableben mein Körper
> der medizinischen Wissenschaft uneingeschränkt
> zur Ausbildung des ärztlichen Nachwuchses zur
> Verfügung gestellt wird. Mein Körper soll daher
> nach dem Tode dem Anatomischen Institut
> der Universität .... in ....
> zur Verfügung gestellt werden.
>
> Nach Abschluß der Studien an meinem Körper
> soll eine Erd-/Feuerbestattung mit/ohne
> kirchlicher Aussegnung stattfinden.
>
> Meine nächsten Angehörigen (Anschrift, Telefon-
> nummer) sollen über den vorgesehenen Be-
> stattungstermin rechtzeitig informiert werden.
> Für den Fall meines Ablebens bitte ich auch
> sofort das Anatomische Institut (Telefon-
> nummer ....) zu benachrichtigen.
>
> _____   _____
> Ort / Datum   Unterschrift

Nacherbschaft

Der Erblasser kann einen Erben auch in der Weise einsetzen, daß dieser erst erbt, nachdem zunächst ein anderer Erbe geworden ist. Ein solches Vorgehen ermöglicht, daß das Erbe innerhalb der Familie bleibt.

Beispiel: Ein Erblasser hat ein beträchtliches Vermögen, und er hat Verwandte 2. Grades, Geschwister oder deren Kinder. Nach der gesetzlichen Erbfolge erbt seine Frau je nach Güterstand die Hälfte bis ¾ des Vermögens, und wenn sie später verstirbt, gehen die Vermögensteile in die Verwandtschaft der Frau. Um dies zu verhindern, muß er nicht einmal seine Frau zugunsten seiner Brüder oder seiner Neffen enterben, sondern er kann z. B. seine Frau als Vorerbin einsetzen und bestimmen, daß seine Verwandten Nacherben werden.

Im Gegensatz zum Vollerben ist der **Vorerbe,** im Ausgangsfall also die Ehefrau, in ihrem Recht, über den Nachlaß zu verfügen, **stark beschränkt:** Obwohl der Vorerbe formell Eigentümer der Nachlaßgegenstände geworden ist, kann er z. B. ohne Zustimmung des Nacherben nicht wirksam darüber verfügen. Beim Ableben des Erblassers erhält das Grundbuch einen Nacherbenvermerk, um die fehlende Verfügungsbefugnis des Vorerben gegenüber Dritten zu verdeutlichen. Auch Geschenke, die den Rahmen von Anstandsgeschenken aus dem Nachlaß überschreiten, sind den Nacherben gegenüber unwirksam. So, wie dem Vorerben einerseits das Nutzungsrecht am Nachlaß zusteht, so ist er andererseits zur ordnungsgemäßen Verwaltung der übertragenen Vermögensgegenstände verpflichtet und kann sich hier möglicherweise schadenersatzpflichtig machen.

Abweichende Regelungen:

Der Erblasser kann aber dem Vorerben auch eine wesentlich weitergehende Rechtsstellung zuweisen, da er die Möglichkeit besitzt, ihn durch Verfügung von Todes wegen in erheblichem Umfang von den oben dargelegten gesetzlichen Beschränkungen und Verpflichtungen zu befreien (sog. **befreiter Vorerbe**). Insbesondere kann der Erblasser anordnen, daß der Vorerbe über Nachlaßgrundstücke frei verfügen darf.

Verstirbt der Nacherbe bereits vor dem Erbfall, ist die Anordnung der Nacherbfolge unwirksam und der Vorerbe wird Vollerbe, es sei denn, daß durch Testamentsauslegung feststellbar ist, daß für diesen Fall ein anderer Nacherbe werden soll. Sind Abkömmlinge des Nacherben vorhanden, sind diese im Zweifel als Ersatz-Nacherben berufen. Überlebt der Nacherbe zwar den Erblasser, verstirbt er jedoch vor dem Vorerben, so geht das Recht des Nacherben auf dessen Erben über, sofern nicht ein anderer Wille des Erblassers anzunehmen ist.

Das Recht auf Nacherbschaft ist schon vom Erbfall des Erblassers an durch Vertrag zwischen den Nacherben und dem Erwerber voll übertragbar. Der Erblasser kann jedoch die Übertragbarkeit ebenso wie die oben erwähnte Vererblichkeit ausschließen. Bei nachfolgendem Vorschlag kann **ergänzend** noch festgelegt werden, daß die Nacherbschaft erst mit dem **Tode** der Ehefrau oder zum Zeitpunkt ihrer **Wiederverheiratung** eintreten soll.

Muster (Testamentsauszug)

> Vorerbin ist meine Frau Anne. Von den gesetzlichen Verfügungsbeschränkungen über Grundstücke ist sie befreit. Als Nacherbe setze ich meinen Sohn Anton aus erster Ehe ein. Sollte Anton meine Frau Anne nicht überleben, so bestimme ich dessen Abkömmlinge zu Nacherben.

Nachlaßverzeichnis/Auskunft

Oft ist es – bedingt durch den Zeitablauf – für die Erben relativ schwierig, genau zu ermitteln, was im einzelnen zum Nachlaß gehört bzw. welchen Wert der Nachlaß hat. Das Gesetz sieht hier einen **Auskunftsanspruch** vor (§ 2027 BGB), der sich zunächst zugunsten der Erben gegen jeden richtet, der Nachlaßgegenstände in seinem Besitz hat. Der Auskunftsanspruch kann jedoch auch gegenüber den Miterben geltend gemacht werden, z. B. gegen einen in häuslicher Gemeinschaft wohnenden Erben, der die Nachlaßabwicklung durchführt.

Wird ein Nachlaßverzeichnis z. B. von einem Miterben erstellt, bedingt vielleicht durch einen geltend gemachten Auskunftsanspruch des anderen Miterben, kann der etwaige festgestellte Überschuß dann entsprechend der vorgesehenen Erbquote zur finanziellen Erbauseinandersetzung dienen. Schwierigkeiten gibt es erfahrungsgemäß bei vorhandenem Familiengrundbesitz. Es sollte hier auf jeden Fall vorab versucht werden, mit den weiteren Erbberechtigten wegen der schwierigen Ermittlung des Verkehrswertes (der für die Auszahlungsansprüche maßgebend ist) einen „gemeinsamen Nenner" zu finden. Kann man sich beispielsweise über die Person eines Grundstücks-Sachverständigen einigen, d. h. daß dessen Werteinschätzung verbindlich sein soll, vermeidet dies in der Regel schon eine größere streitige Auseinandersetzung über den Wert der vorhandenen Immobilien. Nicht zu unterschätzen sind hier auch die im einzelnen zusätzlich anfallenden **Gutachterkosten.** Im allgemeinen kostengünstiger sind Gutachten der sog. Gutachterausschüsse der Gemeinden/Städte nach Maßgabe der Bestimmungen des Baugesetzbuches.

Je nach Ausgangslage kann theoretisch jedes Gutachtenergebnis angegriffen werden, was letztendlich dann in eine streitige Auseinandersetzung über den „richtigen" Wert bei den Zivilgerichten, verbunden mit Kosten, führen kann.

Das nachfolgende Muster eines **Nachlaßverzeichnisses** soll daher dem Auskunftspflichtigen lediglich Anhaltspunkte dafür geben, in welcher Weise man

Nachlaßverzeichnis/Auskunft

(schriftlich) etwa gegenüber Miterben Rechnungslegung erteilen kann. Auch gilt die **Regel:** Bei strittigen Positionen auf jeden Fall eine Verständigung herbeiführen. Zahlungsbelege, Quittungen etc. sollten aufbewahrt und bei Anforderung zur Einsichtnahme zur Verfügung gestellt werden.

Muster eines Nachlaßverzeichnisses

Aktiva

1. Immobilien
   Verkehrswert am Todestag
2. Mobilien
   Schätzwert zum Todestag
   - Schmuck
   - Kunstgegenstände
   - Mobiliar
   - Sammlungen
3. Wertpapiere
   Kurswert zum Todestag
4. Kontenguthaben
5. Barvermögen
6. Sonstiges

Passiva

1. Nachlaßverbindlichkeiten
   - Schulden des Erblassers bis Todestag
2. Kosten des Erbes
   - Kosten zu Lasten des Erbes vor Berechnung des Pflichtteils
     - Begräbnis
     - Grabkosten (Pflege etc.)
     - Nachlaßgericht-/Grundbuchkosten
     - Kosten der Wertermittlung (Gutachter und Anwaltskosten)

| Hinweis: |

Zu unterscheiden ist hiervon grundsätzlich das **amtliche Formular zur Nachlaßerhebung,** das den Erben meist kurze Zeit nach dem Todesfall schon von seiten des Nachlaßgerichts oder über das Bürgermeisteramt zur Verfügung gestellt wird. Mit diesem „offiziellen" Formular muß sich das Nachlaßgericht zunächst einmal einen Eindruck darüber verschaffen, welche Vermögenswerte vorhanden sind und – was damit verbunden wird – welche Verfügungen von Todes wegen oder Erbberechtigte aufgrund des eingetretenen Todesfalls in Betracht kommen. Der offizielle Fragebogen zur Nachlaßerhebung wird im übrigen auch durch seine dort enthaltenen Aussagen zum Nachlaßwert der Erbschaftsteuerstelle des zuständigen Finanzamtes zur Verfügung gestellt.

Reicht der Fragebogen des Nachlaßgerichts aus, um den Nachlaß gleich umfassend bestimmen zu können, kann natürlich bei einem geltend gemachten Auskunftsanspruch hierauf Bezug genommen werden.

Auf die Möglichkeit, Abschlagszahlungen an Miterben aufgrund des zumindest vorläufig erstellten Nachlaßverzeichnisses bei liquiden Mitteln zu leisten, sei ergänzend noch hingewiesen (→ *Erbauseinandersetzung*).

Eine Auskunftspflicht trifft im übrigen außerhalb von Familienangehörigen auch weitere Personen (Hausangestellte, Nachbarn etc.), wenn davon auszugehen ist, daß sie über den Verbleib oder den Umfang vorhandener Nachlaßgegenstände informiert sind.

Nichteheliche Kinder

Sie sind grundsätzlich sowohl mit dem Vater als auch mit der Mutter verwandt und sind daher auch **erbberechtigt.** Es besteht jedoch die wichtige Sonderregelung, daß neben ehelichen Kindern und Kindeskindern des Erblassers und (oder) neben dessen überlebendem Ehegatten den nichtehelichen Kindern und seinen Abkömmlingen anstelle des gesetzlichen Erbteils ein sog. **Erbersatzanspruch** gegen die Erben in Höhe des Wertes des Erbteils zusteht. Der Erbersatzberechtigte wird daher nicht Erbe, hat jedoch einen **Geldanspruch,** der wertmäßig seinem gedachten Erbteil entspricht.

Notar/Anwaltskosten

Zahlreiche Rechtsgeschäfte des Erbrechts (z. B. öffentliche → *Testamente,* → *Erbverträge,* Erbverzichte, → *Erbauseinandersetzungen,* soweit sie Grundstücke oder z. B. GmbH-Geschäftsanteile betreffen) bedürfen der **notariellen Beurkundung.** Dadurch fallen Kosten (Gebühren, Auslagen usw.) an. Die Notariatsgebühren richten sich nach dem sog. Geschäftswert, d. h. nach dem Wert, den der Gegenstand des Geschäfts zur Zeit der Fälligkeit hat. All dies ist in der Kostenordnung festgelegt, die auch die Geschäftswerte nach der Art des betreffenden Geschäfts regelt. Die aufgrund dieser Geschäftswerte ermittelten Gebührensätze ergeben sich aus der Anlage zur Kostenordnung. Mit der Kostenrechnung, die den Geschäftswert, die Gebührenvorschriften, die Beträge der angesetzten Gebühren und Auslagen enthalten muß, fordert das **Notariat** − in den Gebieten des freiberuflichen Notariats der Notar − diese Kosten vom Kostenschuldner an. Das ist i. d. R. der Beteiligte, der die notarielle Tätigkeit veranlaßt hat. Wenn der Kostenschuldner nicht freiwillig zahlt, kann aus einem solchen Kostenbescheid auch vollstreckt werden.

Notar/Anwaltskosten ─────────────────────────────

Zur **Rechtsberatung** in **allen erbrechtlichen Angelegenheiten** sind auch **Rechtsanwälte** zugelassen. Ihre Tätigkeit kann sich von der reinen Beratung bis hin zur Vorbereitung von Notarsterminen und letztlich auch zur Vertretung in erbrechtlichen Prozessen vor den Zivilgerichten erstrecken. Für seine Tätigkeit stehen dem Rechtsanwalt die in der **Bundesrechtsanwaltsgebührenordnung** festgelegten Gebühren zu, die nach der Art und dem Umfang der Tätigkeit differenziert sind. Die Anforderung seiner so ermittelten Kosten bei seinem Mandanten hat der Rechtsanwalt selbst zu besorgen, notfalls mit Hilfe der Zivilgerichte im Prozeßweg. Dem Rechtsanwalt ist grundsätzlich die Beurkundung, d. h. die Errichtung **öffentlicher Urkunden** verwehrt, es sei denn, er ist auch als Notar im Nebenberuf zugelassen, was in einigen Bundesländern möglich ist, jedoch **nicht** in Baden-Württemberg, Bayern, Pfalz und sonstigen linksrheinischen Gebieten. Der Rechtsanwalt kann jedoch seinen Mandanten bei der Abfassung eines eigenhändigen Testamentes mit Rat unterstützen. Er kann auch die Fassung eines öffentlichen, also notariellen Testamentes oder Erbvertrages durch seine Beratung beeinflussen. Bei schwierigen erbrechtlichen Sachverhalten oder Gestaltungen kann es empfehlenswert sein, sich des Beistandes und der Unterstützung eines Rechtsanwalts seiner Wahl auch in Notariatsterminen zu versichern.

Gebührenbeispiele:

Beispiel 1: Testament

Der Notar beurkundet ein öffentliches Testament. Der Geschäftswert wird ermittelt bzw. angegeben mit 30.000/50.000/100.000 DM, dann ergeben sich folgende Notariatskosten:

1.1. Geschäftswert 30.000 DM	
Gebühren	120,00 DM
14% Mehrwertsteuer	16,80 DM
insgesamt	136,80 DM
1.2. Geschäftswert 50.000 DM	
Gebühren	160,00 DM
14% Mehrwertsteuer	22,40 DM
insgesamt	182,40 DM
1.3. Geschäftswert 100.000 DM	
Gebühren	260,00 DM
14% Mehrwertsteuer	36,40 DM
insgesamt:	296,40 DM

Notar/Anwaltskosten

Beispiel 2: Erbvertrag

Der Erblasser will mit seinem Neffen einen Erbvertrag abschließen, der der notariellen Beurkundung bedarf. Zum Vermögen, d. h. dem künftigen Nachlaß des Erblassers, gehört hauptsächlich ein Wohngrundstück mit einem Verkehrswert von 300.000 DM. Es findet zunächst beim Notar eine Vorbesprechung statt. Diese Tätigkeit des Notars bleibt als sog. Nebengeschäft kostenfrei. In einem späteren Termin wird der Erbvertrag beurkundet.

    2.1 Geschäftswert 300.000 DM

Gebühren	1.120,00 DM
14% Mehrwertsteuer	156,80 DM
insgesamt	1.276,80 DM

Beispiel 3: Ehegatten-Testament

Eheleute wollen ein gemeinschaftliches Testament vor dem Notar errichten. Der Notar, der sie zuvor berät und über die rechtlichen Möglichkeiten belehrt, beurkundet sodann das gemeinschaftliche Testament. Bei Geschäftswerten von 20.000/40.000/100.000 DM betragen die Gebühren:

    3.1 Geschäftswert 20.000 DM

Gebühren	200,00 DM
14% Mehrwertsteuer	28,00 DM
insgesamt	228,00 DM

    3.2 Geschäftswert 40.000 DM

Gebühren	280,00 DM
14% Mehrwertsteuer	39,20 DM
insgesamt	319,20 DM

    3.3 Geschäftswert 100.000 DM

Gebühren	520,00 DM
14% Mehrwertsteuer	72,80 DM
insgesamt	592,80 DM

Beispiel 4: Testamentsverwahrung

Der Erblasser will ein eigenhändiges Testament beim Notariat amtlich verwahren lassen. Die Kosten betragen – gleichgültig ob das Testament nun offen oder verschlossen übergeben wird – eine ¼ Gebühr aus der Höhe des Vermögens. Das sind z. B. bei einem Geschäftswert von 20.000 DM = 25 DM, 40.000 DM = 35 DM und 100.000 DM = 65 DM. Umsatzsteuer fällt hierbei nicht an. Diese genannten Kosten entstehen übrigens zusätzlich, wenn ein öffentliches Testament in die amtliche Verwahrung gegeben wird, was die Regel ist.

Notar/Anwaltskosten

Bei allen oben im einzelnen aufgeschlüsselten Notariatskosten sind **Schreibauslagen unberücksichtigt** geblieben, weil ein bis zwei Ausfertigungen oder Abschriften (je nachdem einseitige oder zweiseitige Erklärungen beurkundet wurden) kostenlos erteilt werden; für weitere Exemplare entstehen für die ersten 50 Seiten einer Urkunde Schreibauslagen in Höhe von 1 DM pro Seite.

Beispiel 5: Anwaltsberatung

Erblasser D beabsichtigt, ein **eigenhändiges Testament** zu erstellen. Er bittet seinen Anwalt, ihm hierfür nach Darlegung des Sachverhalts einen entsprechenden Vorschlag zu unterbreiten. Der Rechtsanwalt führt ein Gespräch mit dem Mandanten, berät ihn über einige Formulierungsvorschläge und unterbreitet ihm für die eigenhändige Abfassung einen **schriftlichen Textvorschlag**.

Der Erblasser kann bei einem unterstellten Gegenstandswert von 30.000/50.000/ 100.000 DM von folgender Gebührenrechnung ausgehen:

5.1 Gegenstandswert 30.000 DM
7,5/10 Geschäftsgebühr	734,30 DM
Auslagenpauschale	40,00 DM
14% Mehrwertsteuer	108,40 DM
Insgesamt	882,70 DM

5.2 Gegenstandswert 50.000 DM
7,5/10 Geschäftsgebühr	929,30 DM
Auslagenpauschale	40,00 DM
14% Mehrwertsteuer	135,70 DM
Insgesamt	1.105,00 DM

5.3 Gegenstandswert 100.000 DM
7,5/10 Geschäftsgebühr	1.416,80 DM
Auslagenpauschale	40,00 DM
14% Mehrwertsteuer	203,95 DM
Insgesamt	1.660,75 DM

Hinzu kommen noch etwaige notwendige Fotokopierkosten oder Aufwandsentschädigungen/Reisekosten, falls eine Besprechung außerhalb der Anwaltskanzlei stattfinden soll.

Auch kann der aufgesuchte Anwalt einen anderen Gebührenansatz (zwischen 5/10 und 10/10) ansetzen, wobei er hierbei die Intensität seiner Bemühungen und juristischen Schwierigkeiten zugrunde legen wird. Die in den Beispielen angesetzte 7,5/10 Gebühr ist die gängige Mittelgebühr.

Darüber hinaus darf der Anwalt die finanziellen Verhältnisse oder aber sonstige sozialen Komponenten bei der Höhe seiner Gebührenrechnung mitberücksichtigen.

Es ist einem Rechtsuchenden auch nicht verwehrt, sich vor einer Beratung über anfallende Gebühren zunächst unterrichten zu lassen.

Pflichtteil

Werden Abkömmlinge des Erblassers, dessen Eltern oder der Ehegatte durch Testament **enterbt,** haben sie Anspruch gegen die Erben auf Auszahlung des **sog. Pflichtteils.** Der Pflichtteil besteht in der **Hälfte des Wertes des gesetzlichen Erbteils.**

Wird einem Pflichtteilsberechtigten ein Erbteil hinterlassen, der geringer als der Pflichtteil ist, kann der Pflichtteilsberechtigte von den Erben eine entsprechende Erhöhung des ihm Zugewendeten verlangen (sog. **Zusatz-Pflichtteil**).

Pflichtteilsberechtigt sind nur die direkten Abkömmlinge des Erblassers, also Kinder (auch nichteheliche Kinder), Enkel, dann die Eltern und der Ehepartner. Geschwister und Verwandte in der Seitenlinie sind hiervon ausgeschlossen.

Für die Berechnung des Pflichtteils ist der reine Nettowert des Nachlasses maßgebend, wobei zur Berechnung nicht der Zeitpunkt der Geltendmachung des Anspruches entscheidend ist, sondern der Wert zum Todestag. Ab Fälligkeit ist der festgestellte Betrag zu verzinsen. Pflichtteilsberechtigte können ihrerseits die Ansprüche vererben oder übertragen; auch kann dieser Anspruch ggf. von Gläubigern des Berechtigten sogar gepfändet werden, jedoch nur wenn der Pflichtteilsanspruch durch Vertrag anerkannt oder rechtskräftig geworden ist.

„**Auf den Pflichtteil setzen**" ist im übrigen ein gewisses Steuerungsinstrument bei Ehegatten gegenüber ihren Kindern, um zu erreichen, daß bei einem gegenseitigen Testament beim Todesfall des einen Ehepartners die Abkömmlinge von der Geltendmachung ihres Pflichtteils abgehalten werden können, sofern sie als sog. Schlußerben eingesetzt sind.

> **Muster: Auszug aus gemeinschaftlichem Testament**

Sollte einer unserer Abkömmlinge beim Tode des Erstversterbenden seinen Pflichtteil geltend machen, wird dieser Abkömmling und seine Nachkommen auch beim Todesfall des Letztversterbenden von uns auf den Pflichtteil gesetzt, es sei denn der Überlebende von uns bestimmt etwas anderes.

Die einseitige Entziehung des Pflichtteilsanspruchs durch den Erblasser bedarf **triftiger, schwerwiegender Gründe,** die im Gesetz abschließend aufgezählt sind (vgl. §§ 2333, 2335 BGB); hierzu zählen u. a. die böswillige Verletzung der einem Abkömmling gegenüber dem Erblasser obliegenden Unterhaltspflicht sowie der Fall der vorsätzlichen körperlichen Mißhandlung des Erblassers. Auch ein ehrloser oder unsittlicher Lebenswandel des Abkömmlings wider den Willen des Erblassers im Einzelfall berechtigen zur Entziehung des Pflichtteils. Dies erfolgt durch letztwillige Verfügung, wobei der Grund der Entziehung zur Zeit der Errichtung des Testamentes bestehen (bei ehrlosem und unsittlichem Lebenswandel muß dieser noch beim Erbfall vorhanden sein) und dies unbedingt angegeben werden muß. Eine Verfügung, durch die der Erblasser die Entziehung angeordnet hat, wird durch (spätere) Verzeihung unwirksam.

Ist eine Pflichtteilsentziehung seitens des Erblassers nicht angeordnet worden, so bleibt für den Erben, der dem Pflichtteilsanspruch ausgesetzt ist, nur die Möglichkeit, diesen Anspruch **anzufechten.** Eine derartige Anfechtung kommt wiederum nur in extremen Ausnahmefällen in Betracht. Als Anfechtungsgründe zu nennen sind hier die vorsätzliche Tötung des Erblassers oder der Versuch. Wegen weiterer Pflichtteils-Unwürdigkeitsgründen siehe § 2339 BGB.

Zur Anfechtung berechtigt ist jeder, dem der Wegfall des Erb- bzw. Pflichtteilsunwürdigen zu statten kommt. Die Anfechtung kann nur **binnen Jahresfrist** erfolgen, wobei die Frist mit dem Zeitpunkt beginnt, in welchem der Anfechtungsberechtigte von dem Anfechtungsgrund Kenntnis erlangt hat. Die Geltendmachung der Pflichtteilsunwürdigkeit durch Anfechtung erfolgt durch Willenserklärung gegenüber dem Pflichtteilsunwürdigen.

Hat der Erblasser einen Erben eingesetzt oder wurde jemand Kraft Gesetzes Erbe, in dessen Person ein Erbunwürdigkeitsgrund (s. oben bzw. vgl. § 2339 BGB) gegeben ist, so ist auch hier der Erbschaftserwerb von demjenigen, der andernfalls erben würde, anfechtbar. Im Gegensatz zur Anfechtung des Anspruchs aus dem Pflichtteil kann eine **Erbeinsetzung** nur durch Anfechtungsklage beseitigt werden. Die Klage ist darauf zu richten, daß der Erbe für erbunwürdig erklärt wird. Ist der eingesetzte Erbe gleichzeitig pflichtteilsberechtigt, so muß zusätzlich zur Anfechtungsklage der Anspruch aus dem Pflichtteil durch einfache Willenserklärung nach den oben dargelegten Grundsätzen angefochten werden.

Rentenleistungen

Je nach der sozialen Absicherung des Erblassers können der überlebende Ehepartner und Kinder im wesentlichen folgende Rentenleistungen nach dem Todesfall in Anspruch nehmen (wegen weiterer Einzelheiten sollte bei den Beratungsstellen der Sozialversicherungsträger bzw. der Beamten-Versorgungsstellen Rücksprache genommen werden).

1. Rentenansprüche aus der Sozialversicherung

Die Gewährung von Hinterbliebenenrenten richtet sich beim Tode des Versicherten nach den §§ 1263 ff. Reichsversicherungsordnung und §§ 40 ff. Angestelltenversicherungsgesetz. Beginn der Zahlung ist hierbei der Ablauf des Sterbemonats, es sei denn, im Sterbemonat wurde keine Rente gezahlt. Sowohl für die Witwen- als auch Witwerrente findet eine **Einkommensanrechnung** statt. Berücksichtigt werden eigene Erwerbseinkommen und Erwerbsersatzeinkommen (z. B. Krankengeld, Mutterschaftsgeld etc.), das die Witwe, der Witwer oder der frühere Ehegatte bezieht, wenn es zeitlich mit der Hinterbliebenenrente zusammentrifft.

Unter Abzug eines bestimmten Freibetrages kann ein Ruhen der Rente in Höhe von 40% des Betrages eintreten, um den das berücksichtigungsfähige Einkommen den Freibetrag übersteigt. Eine **Übergangsregelung** besteht für Sterbefälle zwischen dem 1. 1. 1986 und 31. 12. 1995 mit nur **stufenweiser** Einkommensanrechnung, wenn die Ehe vor dem 1. 1. 1986 geschlossen wurde.

Keine Anrechnung findet bei der Hinterbliebenenrente für die ersten drei Monate (Sterbevierteljahr) statt, auch nicht für Rententeile, die auf Höherversicherungsbeiträgen beruhen. Auch wegen des Zusammentreffens mit ggf. anderen Renten (Unfallvers.) sollte wegen der zutreffenden Berechnung Rücksprache mit dem Rentenversicherungsträger (örtliche Beratungsstellen) genommen werden.

Witwenrente: Die Witwe des verstorbenen Versicherten erhält eine Witwenrente in Höhe von 60% der Versichertenrente.

Witwerrente: In gleicher Höhe wird auch an den überlebenden Ehemann einer in der Sozialversicherung versicherten und verstorbenen Ehefrau eine Witwerrente gezahlt. Die Voraussetzung, daß die verstorbene Ehefrau den Unterhalt der Familie überwiegend bestritten hat, muß für Rentenfälle nur dann nachgewiesen werden, wenn die Ehefrau vor 1986 verstorben ist oder sich die Eheleute für die Anwendung des bis 1985 insoweit geltenden Rentenrechts entschieden haben.

Waisenrente: Diese wird an die Kinder des Verstorbenen bis zur Vollendung des 18. Lebensjahres gezahlt, wobei eine Verlängerung bis längstens zur Vollendung des 25. Lebensjahres möglich ist, wenn das Kind sich z. B. in Schul- oder Berufsausbildung befindet, ein sog. freiwilliges soziales Jahr leistet oder wegen körperlicher oder geistiger Gebrechen außer Stande ist, sich selbst zum Zeitpunkt des Todes des Familienvaters zu unterhalten. Eine Verlängerung über das 25. Lebensjahr hinaus ist dann möglich, wenn in zeitlicher Hinsicht eine Verzögerung der Schul- oder Berufsausbildung durch Ableistung des gesetzlichen Wehr- oder Zivildienstes eingetreten ist. Die Zahlung der Waisenrente an Berechtigte über 18 Jahre ist u. a. davon abhängig, daß bei bestimmten Bezügen (Ausbildungsvergütung, Unterhaltsgeld etc.) Anrechnungsbeträge nicht überschritten werden.

Hat der Erblasser schon eine Rente erhalten, wird der überlebenden Ehefrau die volle Rente für drei Monate weiterbezahlt (ohne den Kinderzuschuß). Die Zahlung der vollen Rente für das sog. **Sterbevierteljahr** kann auch als Vorschuß recht schnell erlangt werden, wenn bei dem Postamt, das für die Auszahlung des Ehemannes zuständig war, innerhalb von zwei Wochen nach dem Sterbefall ein Antrag auf Vorschußleistung gestellt wird. Erforderlich ist hier die Vorlage einer Sterbeurkunde.

2. Beamtenversorgung

Im einzelnen werden neben dem → *Sterbegeld* und Beihilfen folgende Leistungen gewährt:

Witwengeld: An die Witwe werden 60% des Ruhegehalts, das der Verstorbene erhalten hat oder fiktiv am Tag des Todes als Ruhestandsversorgung erhalten hätte, gezahlt. Die Zahlung eines Witwengeldes ist jedoch davon abhängig, daß die Ehe mindestens **mehr als drei Monate bestanden hat** oder die Ehe **vor Eintritt in den Ruhestand und vor Vollendung des 65. Lebensjahres geschlossen wurde.** Hier kann es in Ausnahmefällen jedoch statt des Witwengeldes Unterhaltszahlungen geben. Zudem wird bei der Festsetzung des Witwengeldes das Alter der Witwe berücksichtigt, d. h. Kürzungen sind hier nach § 20 Beamtenversorgungsgesetz möglich.

Witwergeld: Nach § 28 Beamtenversorgungsgesetz kann an unterhaltsberechtigte Witwer ein Witwergeld entsprechend den Regelungen für Witwen gezahlt werden.

Waisengeld: An die Kinder des Ruhegeldberechtigten bzw. Ruhestandsbeamten wird eine Rente in Höhe von 12% (Halbwaise) bzw. 20% (Vollwaise) des Ruhegehalts gezahlt.

3. Landwirtschaft

Die Witwe eines Mitglieds, das Leistungen zur Altershilfe für Landwirte bezogen hat, kann ein Hinterbliebenengeld erhalten. Auskünfte erteilen die landwirtschaftlichen Alterskassen.

Sterbegeld

Das Gesundheitsreformgesetz hat zum 1. 1. 1989 folgende Einschränkungen gebracht: Ab dem 1. 1. 1989 beträgt das Sterbegeld
für einen Versicherten in der gesetzlichen Krankenkasse **2.100 DM,**
für familienversicherte Angehörige **1.050 DM.**

_____ Sterbegeld

> **Wichtig:**

Wer erst ab 1989 in einer gesetzlichen Krankenkasse Mitglied wird, hat keinerlei Anspruch mehr auf Sterbegeld durch die Krankenkasse. Es besteht somit fast die gleiche Regelung wie bei Versicherten in der privaten Krankenversicherung.

Unabhängig von Leistungen der Krankenkassen, sonstiger Sterbegeldversicherungen etc. erlöschen beim Tod eines Beamten (Aktiv- oder Ruhestandsbeamter) die Ansprüche auf die Zahlung von Bezügen mit Ablauf des Monats, in dem der Berechtigte stirbt. Die Bezüge des Sterbemonats verbleiben den Erben. Beim Tod eines Beamten/Ruhestandsbeamten erhält der überlebende Ehegatte bzw. die Abkömmlinge **ein Sterbegeld in Höhe des Zweifachen der Dienstbezüge,** des Ruhegehalts oder des Unterhaltsbeitrages des Sterbemonats; ggf. zuzüglich des Unterschiedsbetrages nach § 50 Abs. 1 des Beamtenversorgungsgesetzes.

Bei Angestellten **im öffentl. Dienst** wird als Sterbegeld die Vergütung für die restlichen Kalendertage des Sterbemonats und für 2 weitere Monate gewährt.

War der Erblasser nicht Angehöriger des öffentlichen Dienstes, kann sich ein Anspruch auf Zahlung eines Sterbegeldes aus arbeitsrechtlichen Vereinbarungen (Arbeitsvertrag, Tarifvertrag, sonstige Zusagen von seiten des Arbeitgebers) ergeben. Hier werden zum Teil bis zu drei Monatsgehälter als Sterbegeld an den überlebenden Ehegatten bzw. Kinder gezahlt.

Die Zahlung der Sterbegelder aufgrund eines Dienst-/Arbeitsverhältnisses sind **lohnsteuerpflichtig;** meist ist für die Auszahlung des Sterbegeldes eine **Lohnsteuerkarte vorzulegen.** Steht der überlebende Ehegatte noch in einem Arbeitsverhältnis, muß über die Gemeinde/Stadtverwaltung eine zweite Lohnsteuerkarte (Steuerklasse VI) beantragt werden.

Die Auszahlung des Sterbegeldes wird entweder an die Angehörigen vorgenommen oder, aufgrund des Abschlusses eines Bestattungsauftrages, ggf. direkt an das **Bestattungsunternehmen.** Der Todesfall ist durch Vorlage einer **standesamtlichen Sterbeurkunde nachzuweisen.**

Bei Ableben eines Beamten oder Ruhestandsbeamten werden z. T. länderrechtlich verschieden, Beihilfen für die Krankheits- und Beerdigungskosten an den überlebenden Ehepartner gezahlt. Auch für den Erwerb einer Grabstätte, nicht für die Grabpflege, wird eine **Beihilfe in Höhe von 50% bis 70%** übernommen. Ein entsprechender Antrag ist mindestens 12 Monate nach dem Sterbefall zu stellen. Es findet allerdings eine Anrechnung auf das Sterbegeld statt. Genaue Auskünfte erteilen die letzten Beschäftigungsstellen und Betreuungsstellen. Für Witwenberechtigte nach dem Bundesversorgungsgesetz für Kriegsopfer werden Sterbegelder und Bestattungsgelder gezahlt. Hier kommt es darauf an, ob die Todesursache als Folge der Gesundheitsschädigung anzusehen war.

Sterbehilfe

In der Krankenversicherung der **Landwirte** ist beim Tode des Versicherten oder eines Angehörigen, für den ihm im Zeitpunkt des Todes Familienhilfe zustand, Sterbegeld zu gewähren.

Sterbegeld, Beihilfen und **auch Hinterbliebenenrenten** zahlen im übrigen auch die Träger der **gesetzlichen Unfallversicherungen,** wenn der Tod durch einen Betriebsunfall oder aber bedingt durch anerkannte Berufskrankheiten eingetreten ist.

| Empfehlung: |

Nicht nur bei Unfalltod, sondern auch bei bekannten Vorerkrankungen des Erblassers, sei es als Kriegsfolgen oder im Zusammenhang mit der Ausübung eines Berufes, sollten die Angehörigen bei der Feststellung der Todesursache die untersuchenden Ärzte hierauf besonders hinweisen, um Unterstützungs- und Rentenleistungen durch gesicherte medizinische Nachweise durchsetzen zu können. Speziell bei Unfällen als Todesursache sollte im Zweifel anwaltschaftliche Hilfe in Anspruch genommen werden, da z. B. die Berufsgenossenschaften auch für sog. **Wegeunfälle** (Todesfälle auf dem Weg von/zu der Arbeit) Leistungen gewähren. Zu der Frage, wann z. B. ein **Arbeitsunfall** noch vorliegt, gibt es eine Fülle höchstrichterlicher Entscheidungen in der Sozialgerichtsbarkeit.

Sterbehilfe

Kann man zu Lebzeiten rechtlich verbindlich festlegen, daß man im Falle einer schwerwiegenden, aussichtslosen und mit qualvollen Leiden begleiteten Krankheit die behandelnden Ärzte verpflichtet, weitergehende ärztliche Maßnahmen zu unterlassen, damit letztendlich der Sterbefall alsbald eintritt? Die Diskussion zum Thema Sterbehilfe ist nicht abgeschlossen. Der eine oder andere, insbesondere aus der Presse bekanntgewordene Fall führt immer wieder dazu, daß sich die Ärzteschaft, Kirchen, Juristen und sonstige Meinungsträger mit diesem sehr schwierigen Thema auseinandersetzen. Unsicherheit besteht nicht nur über die möglichen Konsequenzen in strafrechtlicher Hinsicht für den Arzt, wenn er dem Wunsch seines Patienten folgt. Juristisch noch nicht abschließend geklärt ist auch die Frage, ob z. B. die Angehörigen bei einem bewußtlosen Patienten dessen erkennbaren Wunsch nach einem leichten Tod gegen die Weigerung des behandelnden Arztes ggf. durch gerichtliche Hilfe durchsetzen können. Insbesondere im Ausland sind derartige Verfahren bereits bekanntgeworden.

Religiöse oder **auch ethische Fragen der Standesmoral** stehen hier im Vordergrund der Auseinandersetzung, ob ein Arzt trotz medizinisch einwandfrei vorhandener Dauerschäden, Koma-Zuständen und unzumutbaren Schmerzen auch weiterhin zur Lebenserhaltung des Patienten verpflichtet ist. Gerade bei Fällen von Bewußtlosigkeit wird hier der Einwand gebracht, daß der Betroffene nicht mehr selbst bestimmen kann, ob er tatsächlich an der früher getroffenen Anordnung festhält.

Wer aufgrund seiner freien Überzeugung eine derartige Regelung treffen möchte, muß, unabhängig von der Bereitschaft des behandelnden Arztes, diesen Willen – eigenhändig – **schriftlich niederlegen.** Die Anordnung, heute üblicherweise als „**Patientenbrief**"/„**Patiententestament**" bezeichnet, sollte in einem verschlossenen Umschlag bei den persönlichen Unterlagen aufbewahrt werden. Wer beabsichtigt, für die Fälle einer Dauer-Bewußtlosigkeit, schwerwiegender Gehirn-Dauerschädigung oder des dauernden Ausfalls lebenswichtiger Funktionen bei unzumutbaren Leiden/Schmerzzuständen keine lebenserhaltenden oder wiederbelebenden ärztlichen Maßnahmen zu dulden, sollte dies schriftlich niederlegen. Es muß dann sichergestellt werden, daß im Falle des Eintritts einer derart schweren Erkrankung, insbesondere wenn der Betroffene wegen Bewußtlosigkeit seinen eigenen Willen nicht mehr bekunden kann, der Patientenbrief dem behandelnden Arzt übergeben wird. Es handelt sich um ein **höchstpersönliches Recht**, d. h. diese Entscheidung kann natürlich nicht von Angehörigen getroffen werden. Die Anordnung einer derartigen Maßnahme ist jederzeit frei widerrufbar.

Testamente

Abweichend von der gesetzlichen Erbregelung kann der Erblasser auch über sein Vermögen in anderer Weise bestimmen. Der Gesetzgeber verlangt hier jedoch wegen der Bedeutung und rechtlichen Tragweite einer letztwilligen Verfügung, daß hier der Wille des Erblassers entweder **in der Form eines Testaments** oder in einem → *Erbvertrag* niedergelegt werden muß.

Nachfolgende Hinweise sollen zunächst die strengen Formvorschriften bei Testamenten kurz erläutern. Einige Testamentsmuster sind angefügt.

Das eigenhändige Testament

Wer keinen Notar in Anspruch nehmen will, kann ein **privates Testament** errichten. Hier gelten jedoch besonders strenge Formvorschriften. Der Erblasser muß das Testament **vollständig per Hand** (schriftlich) **abfassen und** anschließend **unterschreiben.** Ein etwa mit einer Schreibmaschine geschriebenes Testament, selbst mit daran sich anschließender eigenhändiger Unterschrift, ist unwirksam. Gleiches gilt etwa für ein Testament, das einem Dritten diktiert wird. Der letzte Wille muß daher eigenhändig von Anfang bis zum Ende persönlich geschrieben werden, erforderlich ist auch die **eigenhändige Unterschrift.**

Lediglich bei mehrseitigen, umfangreichen Testamenten genügt neben der eigenhändigen Niederschrift auch eine Unterschrift auf der letzten Seite, die jedoch räumlich den gesamten Text insoweit abschließen muß. Die **Angabe des Ortes** und des **Zeitpunkts der Errichtung** des Testamentes ist zwar für die Wirksamkeit des Testaments nicht erforderlich. Werden jedoch etwa zwei Testamente im Nachlaß aufgefunden, die auch noch in sich widersprechende Verfügungen enthalten, kann der Zeitpunkt der Errichtung des zweiten Testaments natürlich von besonderer Bedeutung für den Begünstigten werden. Zur Vermeidung hieraus entstehender Unsicherheiten sollte daher auch auf die Orts- und Zeitangabe geachtet werden. Ein eigenhändiges Testament kann im übrigen nur von einem Volljährigen errichtet werden, der also das 18. Lebensjahr bereits vollendet hat.

Eine besondere Aufbewahrungs-Formvorschrift für Privattestamente besteht nicht. Das Testament kann daher offen oder verschlossen zu Hause oder bei einer Vertrauensperson aufbewahrt werden.

Darüber hinaus kann natürlich auch ein Privattestament in **amtliche Verwahrung** beim Amtsgericht, in Baden-Württemberg beim Notariat, gegeben werden.

Hinweis:

Beim Tod des Erblassers hat jeder, der ein Testament im Besitz hat, dieses, gleichgültig ob es offen oder verschlossen ist, unverzüglich dem Nachlaßgericht abzuliefern. Dies gilt für alle vorgefundenen Verfügungen, auch älteren Datums. Das Nachlaßgericht gibt dann in einem **Testamentseröffnungstermin** den Inhalt des Testaments förmlich bekannt. Wird kein besonderer Termin bestimmt oder sind die von dem Testament Betroffenen zu einem Eröffnungstermin nicht erschienen, werden sie schriftlich über die sie betreffenden inhaltlichen Einzelregelungen unterrichtet.

Das öffentliche Testament

Hier ist es ausreichend, wenn der Erblasser **mündlich vor dem Notar** seinen letzten Willen erklärt. Der Inhalt wird in einer Niederschrift festgehalten.

Im Gegensatz zum Privattestament ist es aber auch möglich, daß dem Notar ein selbsterstelltes (auch mit Maschine geschriebenes) Testament übergeben wird, mit der Erklärung, daß dies als letzter Wille anzusehen ist. Hier bestehen bei diesem Schriftstück im Gegensatz zum Eigentestament **keine besonderen Formvorschriften**, d. h. die Erklärung muß nicht von Hand geschrieben sein. Es genügt z. B. auch die Erstellung des Testaments mit einer Schreibmaschine, auch Unterschriften sowie Zeit- und Ortsangaben sind entbehrlich. Diese schriftliche Erklärung kann dem Notar sowohl offen als auch verschlossen

Testamente

übergeben werden. Auch kann das öffentliche Testament von jedem Notar, unabhängig vom Wohnort, entgegengenommen werden.

Die Errichtung eines öffentlichen Testaments bietet auch gewisse **Gebührenvorteile.** Das öffentliche Testament genügt z. B. zur Vorlage beim Grundbuchamt, um nach dem Tode des Erblassers eine Grundstücksumschreibung ohne Erbscheinbeantragung zu ermöglichen. Minderjährige können ein öffentliches Testament dann errichten, wenn sie das 16. Lebensjahr vollendet haben. Die Zustimmung der Sorgeberechtigten (Eltern, Vormund) ist nicht erforderlich.

Das Nottestament

Relativ selten sind **drei Sonderformen von Testamenten,** die nach der gesetzlichen Regelung berücksichtigen, daß wegen der Besonderheit des Aufenthaltsortes oder der Lebensumstände eine eigenhändige Testamentserrichtung oder die Aufnahme des Testaments durch einen Notar nicht rechtzeitig möglich ist. Diese drei Sonderformen sind wegen der Voraussetzungen, die für die Errichtung notwendig sind, heute kaum noch praxisrelevant. Sie bieten auch einige nicht unerhebliche Risiken, wenn die Formalitäten und Formvorschriften bei der Erstellung nicht strengstens beachtet werden. Es geht hierbei um folgende Testaments-Sonderformen:

Das **Nottestament vor dem Bürgermeister** des Aufenthaltsortes in den Fällen akuter Lebensgefahr oder bei einer Sachlage, wo eine Testamentserrichtung vor dem Notar etwa wegen Quarantäne, polizeilichen Absperrungen etc. nicht mehr möglich ist.

Das sog. **3-Zeugen-Testament.** Auch hier wird eine akute Lebensgefahr für Leib und Leben des Erblassers verlangt. Es ist zudem nur dann zulässig, wenn auch die Errichtung eines Bürgermeister-Testaments nicht mehr möglich ist. Die Testamentserrichtung muß schriftlich von einem Zeugen aufgenommen werden. Sie ist vorzulesen und auch vom Erblasser – soweit er noch seinen Namen zu schreiben vermag – sowie allen drei Zeugen zu unterschreiben.

Das **See-Testament** verlangt zwar keine besondere Notlage, es kann jedoch nur an Bord eines deutschen Schiffes (kein ausländisches Schiff!) durch mündliche Erklärung gegenüber drei Zeugen errichtet werden. Auch hier ist eine Niederschrift erforderlich.

Sie sollten **beachten:** Bei allen drei Testamenten läßt der Gesetzgeber eine formwirksame Testamentserrichtung nur zu, wenn eine **besondere Lebenssituation** auch tatsächlich nachgewiesen wird. Zudem hat der Gesetzgeber im Hinblick auf mögliche übereilte Reaktionen oder Mißbräuche ausdrücklich bestimmt, daß ein derartiges Testament seine Gültigkeit verliert, wenn drei Monate seit Errichtung verstrichen sind und der Erblasser noch lebt. Was den

Testamente

Inhalt eines Testaments angeht, kann der Erblasser völlig frei bestimmen, welche Verfügungen er im einzelnen trifft.

Siehe auch → Widerruf von Testamenten

Testamentsmuster

Die nachfolgenden Vorschläge sind nur zur Orientierung gedacht und können schon wegen der Vielzahl von Gestaltungsmöglichkeiten nicht insgesamt im Rahmen dieser Broschüre aufgeführt werden. Inhaltliche Ergänzungen, z. B. Vermächtnisse, Testamentsvollstreckereinsetzung etc. sind über die weiteren Stichwörter in Erfahrung zu bringen. (Über weitergehende Vorschläge und rechtliche Ausführungen informiert das auch im WRS Verlag, München, erschienene Buch: „**Testamente und Erbverträge**", WRS-Mustertext Band 2.)

Für **Ehegatten ohne Kinder** genügt der handschriftliche Satz, daß sich beide Ehepartner gegenseitig zu alleinigen und ausschließlichen Erben einsetzen. Wichtig ist dabei die beiderseitige eigenhändige Unterschrift unter den von einem Ehepartner handgeschriebenen Testamentsinhalt. Die weiteren nachfolgenden **Vorschläge** stellen auf besondere persönliche Situationen des Testierenden ab:

Muster 1 (Ehegattentestament mit Kindern/Berliner Testament)

> Wir, ... und ...., setzen uns hiermit gegenseitig zu Alleinerben ein. Nach dem Tode des Letztversterbenden sollen unsere beiden Kinder .... und .... zu gleichen Teilen erben. Sollte eines unserer Kinder vor uns versterben, sind dessen zu diesem Zeitpunkt vorhandene Abkömmlinge Ersatzerben zu gleichen Teilen.
> Sollte eines unserer Kinder nach dem Eintritt des Todesfalls des Erstversterbenden Pflichtteilsansprüche geltend machen, soll es auch beim Todesfall des Letztversterbenden nur den Pflichtteil erhalten. Dies gilt auch für etwaige Abkömmlinge unserer Kinder als Ersatzerben.

> Der Anteil soll dann dem anderen Kind zu gleichen Teilen zuwachsen. Diese Verfügungen sind wechselbezüglich.
>
> Ort / Datum   Unterschriften

Muster 2 (Testierfreiheit des überlebenden Ehegatten)

> Der überlebende Ehegatte ist ausdrücklich berechtigt, die vorstehenden Verfügungen für den zweiten Sterbefall nach seinem Belieben aufzuheben oder abzuändern.

Muster 3 (Verwitwete Erblasser)

> Meine beiden Kinder .... und .... sollen nach meinem Tode Erben zu gleichen Teilen werden. Ersatzerben sollen ihre Abkömmlinge zu gleichen Teilen werden.
> Verstirbt einer meiner Erben ohne Abkömmlinge vor mir, soll der Erbteil dem verbleibenden Erben zuwachsen.

Muster 4 (Ledige Erblasser)

> Ich, ... setze hiermit meinen Bruder
> ...., wohnhaft in .... als
> Alleinerben ein.
> Sollte mein Bruder vor mir versterben,
> bestimme ich meinen Vater .... als
> Ersatzerben. Dessen Ersatzerben sollen dann
> jeweils die gesetzlichen Erben sein.

Testamentsvollstrecker

Die Einschaltung einer besonderen Vertrauensperson, um die Durchführung bestimmter erbrechtlicher Verfügungen sicherzustellen, kann über einen **Testamentsvollstrecker** herbeigeführt werden. Praktische Gründe hierfür sind mannigfach z. B. zur Unterstützung wirtschaftlich unerfahrener Erben, etwa zum Ausschluß einer sonst möglichen Vertretungsbefugnis eines gesetzlichen Vertreters bei minderjährigen Erben oder bei im Ausland lebenden Erben usw.

Rein nach der Funktion unterscheidet man bei der Testamentsvollstreckung zwischen einer

> **Abwicklungsvollstreckung** und
> **Verwaltungstestamentsvollstreckung**.

Bei der **Abwicklungsvollstreckung** soll der Testamentsvollstrecker im wesentlichen damit beauftragt werden, den **Nachlaß zu sichern**, die damit zusammenfallenden **Formalitäten zu erledigen** und die (endgültige) **Verteilung der Vermögenswerte** an Erben oder Vermächtnisnehmer **zu überwachen**.

Bei der **Verwaltungstestamentsvollstreckung** soll hingegen etwa nach dem Willen des Erblassers das **Nachlaßvermögen** als ganzes oder ein Teil hiervon für einen bestimmten Zeitraum **erhalten bleiben** und der uneingeschränkten (oder eingeschränkten) Verwaltung durch den Testamentsvollstrecker unterliegen.

Die Einsetzung eines **Testamentsvollstreckers** kann durch Testament oder Erbvertrag festgelegt werden. Testamentsvollstrecker kann grundsätzlich jede geschäftsfähige, natürliche aber auch juristische Person (z. B. Banken) werden. Der Erblasser selbst kann die Person des Testamentsvollstreckers bestimmen, oder daß der Testamentsvollstrecker von einem Dritten oder von dem Nachlaßgericht bestimmt werden soll. Das Amt des Testamentsvollstreckers beginnt mit der schriftlichen oder zu Protokoll des Nachlaßgerichtes zu erklärenden Annahme. Mit der Annahme geht das Recht zur Verwaltung und das Verfügungsrecht über den Nachlaß auf den Testamentsvollstrecker über.

Der Wirkungskreis hängt hierbei zunächst von den getroffenen Verfügungen/ Anordnungen des Erblassers ab. Durch Testament kann die ihm bereits nach Gesetz (§§ 2197–2227 BGB) zustehende Verfügungsbefugnis erweitert oder auch hinsichtlich einzelner Punkte (etwa Vermögensverwaltung) beschränkt werden.

Wie bei der freiwilligen Annahme des Amtes kann der Testamentsvollstrecker von sich aus sein Amt niederlegen. Obwohl keine besonderen „Kündigungsfristen" gelten, kann sich der Testamentsvollstrecker ggf. schadenersatzpflichtig machen, wenn er zur Unzeit ohne berechtigten Grund sein Amt niederlegt und hierdurch ein wirtschaftlicher Schaden eintritt. Nicht durch die Erben, sondern ausschließlich durch das **Nachlaßgericht** kann er bei Vorliegen eines wichtigen Grundes ggf. entlassen werden.

Das Testamentsvollstreckeramt endet mit der Erledigung aller Aufgaben mit dem Eintritt einer von seiten des Erblassers gesetzten Bedingung, bei einer Dauervollstreckung spätestens jedoch nach 30 Jahren.

Empfehlenswert ist auf jeden Fall, gleichzeitig einen **Ersatz-Testamentsvollstrecker** zu bestimmen, für den Fall, daß die zunächst bestimmte Person das Amt nicht übernehmen kann oder will oder aus irgendwelchen Gründen später niederlegt. Ansonsten wird das Nachlaßgericht, ggf. im Einvernehmen mit den Erben, einen weiteren Testamentsvollstrecker vorschlagen und nach Annahme ernennen.

Für seine Tätigkeit als Testamentsvollstrecker kann dieser einen **Ersatz für geleistete Aufwendungen** verlangen. Wenn der Erblasser dies nicht ausgeschlossen hat, steht dem Testamentsvollstrecker auch für seine Amtsführung eine **angemessene Vergütung** zu. Die Höhe richtet sich wiederum nach dem Nachlaßwert. Meist wird bei Einschaltung eines Angehörigen der rechts- oder steuerberatenden Berufe eine Vergütung nach den dort geltenden Honorarsätzen gewährt. Empfehlenswert dürfte bei Privatpersonen mit entsprechend schwierigen Testamentsvollstreckungsaufgaben der Abschluß einer entsprechenden **Honorarvereinbarung** sein, falls hierüber eine Verständigung zwischen Erben und Testamentsvollstrecker möglich ist. Handelt es sich bei dem Testamentsvollstrecker nicht um einen Angehörigen eines steuer- oder rechtsberatenden Berufes, wird eine zu erbringende Vergütung meist nach folgender Prozentstaffel des Bruttonachlaßwertes angesetzt:

Testamentsvollstrecker

Nachlaßwert	Vergütung
bis zu 20.000 DM	4%
darüber bis zu 100.000 DM	3%
darüber bis zu 1.000.000 DM	2%
darüber	1%

Andere Vergütungssätze werden z. B. von Banken verlangt.

Hinweis:

Die Vergütung für die Amtsübernahme kann insgesamt ausgeschlossen werden, wenn der Erblasser dies ausdrücklich festgelegt hat und die benannte Vertragsperson das Amt trotzdem annimmt. Wenn keine Vereinbarung oder Verfügung über die Vergütung vorliegt, dann entscheiden bei Streit über die Höhe die Zivilgerichte unter Berücksichtigung der Dauer, Schwierigkeit und Verantwortung der geleisteten Tätigkeit als Testamentsvollstrecker.

Besondere Vorsicht ist geboten, wenn etwa für ein **Unternehmer-Testament** eine Testamentsvollstreckung vorgesehen werden soll. Es empfiehlt sich auf jeden Fall, Art und Umfang der Testamentsvollstreckung im Hinblick auf die abzugrenzenden Ansprüche der Erben zu regeln. Der Testamentsvollstrecker kann nämlich eine vorhandene **Einzelfirma** als Treuhänder im eigenen Namen weiterführen oder im Namen der Erben für deren Rechnung. Der Testamentsvollstrecker wird auch im Handelsregister eingetragen, wenn er das Handelsgeschäft im eigenen Namen fortführt, wobei ihm sämtliche Rechte der Unternehmensleitung einschließlich Personaleinstellung etc. zustehen.

Auch ist eine Testamentsvollstreckung nicht nur bei Minderjährigen (als Erben) angebracht, sondern ggf. auch bei Erbberechtigten, die sich noch in der Ausbildung befinden oder nach der Einschätzung des Erblassers nicht über genügend Betriebspraxis zur Betriebsfortführung aus jetziger Sicht verfügen.

Die nachfolgende Klausel mit der Benennung eines Testamentsvollstreckers für den Fall des Ablebens kann entweder in einem eigenhändigen Testament, zweckmäßigerweise am Ende der testamentarischen Verfügungen, mit aufgenommen werden.

Muster 1:

Es ist aber auch durchaus möglich, daß bei einem bereits abgefaßten Testament die Einsetzung eines Testamentsvollstreckers (wiederum eigenhändig schriftlich) zu einem späteren Zeitpunkt fixiert werden kann. In diesem Fall empfiehlt es sich, den Vermerk anzubringen, daß es sich um eine ergänzende Verfügung zum Ursprungs-Testament handelt und der Inhalt der bereits getroffenen Verfügungen im übrigen hiervon nicht berührt werden soll. Weitergehende, bereits durch eine Testamentserrichtung/Erbvertrag eingetretene rechtliche

Testamentsvollstrecker

Bindungen sind jedoch bei einer nachträglichen Testamentsvollstrecker-Einsetzung unter Anwendung der bestehenden Formvorschriften zu beachten.

> Ich ordne im übrigen an, daß Testamentsvollstreckung eintreten soll. Als Testamentsvollstrecker bestimme ich hiermit Herrn/Frau............ wohnhaft in............
>
> Der Testamentsvollstrecker soll im Rahmen seiner ihm zustehenden gesetzlichen Befugnisse den Nachlaß zunächst verwalten, die getroffenen letztwilligen Verfügungen ausführen und eine Erbauseinandersetzung zwischen den Erben herbeiführen.
>
> Sollte Herr/Frau............ das Amt des Testamentsvollstreckers nicht annehmen wird Herr/Frau......... aus............ ersatzweise als weiterer Testamentsvollstrecker benannt. Sollten die von mir vorgeschlagenen Personen nicht zur Amtsübernahme bereit sein, soll über das Nachlaßgericht eine rechtskundige Person ersatzweise zum Testamentsvollstrecker bestellt werden.
>
> Die namentlich zur Übernahme des Testamentsvollstreckeramtes vorgeschlagenen Personen meines Vertrauens sollen lediglich einen Ersatz für notwendige Auslagen erhalten, nicht jedoch eine Testamentsvollstreckervergütung.
>
> ...., den............
>
> ――――――――――
> Unterschrift

Traueranzeigen _____

Muster 2 (nach Testamentserrichtung)

> Ergänzend zum Inhalt meiner letztwilligen Verfügung vom .... ordne ich hiermit an, daß Herr/Frau ...., wohnhaft in .... Testamentsvollstrecker werden soll. Die Einsetzung des Testamentsvollstreckers soll im übrigen in keiner Weise den Inhalt meiner getroffenen Vereinbarungen und Verfügungen berühren.

Oder

> Ergänzend zu meiner letztwilligen Verfügung ordne ich hiermit an, daß Testamentsvollstreckung eintritt und der Testamentsvollstrecker von seiten des zuständigen Nachlaßgerichts ernannt werden soll.

Traueranzeigen

Bereits bei der Frage, in welcher Weise und an welcher Stelle eine Traueranzeige erscheinen soll, sollte grundsätzlich **der Wille des Verstorbenen** beachtet werden. Nicht selten wird der Erblasser von sich aus schon zu Lebzeiten festlegen, in welcher Weise eine Todesanzeige in bestimmten Presseorganen erscheinen soll. Denkbar ist natürlich auch die Möglichkeit, den Angehörigen aufzuerlegen, daß nur ein Nachruf zu einem bestimmten Zeitpunkt, ggf. nach der Bestattung, erscheinen soll.

Ist keine entsprechende Willensbekundung feststellbar, sind bei der Abfassung von Traueranzeigen oder Danksagungen oder auch bei der Abfassung von Trauerkarten zum Versand an Angehörige, Bekannte etc. meist die **regionalen Zeitungen** behilflich, die einen derartigen Druckauftrag entgegennehmen. Häufig wird auch bereits die Abwicklung derartiger Bekanntmachungen von den Bestattungsinstituten nach entsprechenden Textvorschlägen direkt erledigt.

Traueranzeigen

Eine rechtliche Verpflichtung für eine Traueranzeige besteht selbstverständlich nicht. Die Angehörigen können völlig frei bestimmen, in welcher Weise eine solche Anzeige erscheinen soll und in welchen Mitteilungsorganen. Üblich ist zumindest eine Traueranzeige in einer regionalen Zeitung, schon um weitere Angehörige oder Bekannte auch darüber zu informieren, zu welchem Zeitpunkt die Trauerfeier/Beerdigung stattfinden soll.

Größe und Aufmachung der Traueranzeige sind natürlich auch nach finanziellen Gesichtspunkten zu überlegen. Inhaltliche Vorgaben der Angehörigen werden stets berücksichtigt, sofern sich hier nicht ein Verstoß gegen ein **sittliches/ religiöses Empfinden** feststellen läßt. Es ist zum Teil bei einzelnen Zeitungsverlagen feststellbar, daß die Namen der zuletzt den Verstorbenen behandelnden Ärzte (offenbar aus Wettbewerbsgründen) nicht z. B. in Danksagungen aufgenommen werden.

Muster 1 Traueranzeige

Nach einem langen, von fürsorglicher Liebe erfüllten Leben, verstarb unsere liebe Mutter, Schwiegermutter und . . . .

. . . . .

am . . . . 19 . . im Alter von . . . . Jahren.

Anschrift   In Liebe und Dankbarkeit
*   (im Namen der Angehörigen)*

Die Seelenmesse findet am Montag, den . . . . 19 . . um . . . . . Uhr in der Katholischen Pfarrkirche in . . . . statt. Die Beisetzung anschließend um . . . . . . Uhr im Friedhof . . . .

Traueranzeigen

Muster 2

> Nach kurzer, schwerer Krankheit hat uns
>
> . . . .
>
> am . . . . 19 . . für immer verlassen.
>
> In Liebe und Dankbarkeit nehmen wir Abschied:
>
> . . . .
>
> . . . .
>
> . . . .
>
> Die Beerdigung findet am Dienstag, den . . . . 19 . . um . . . . . Uhr auf dem Friedhof in . . . . statt.
>
> Von Beileidsbezeigungen am Grabe bitten wir abzusehen.

Muster 3 (Nachruf)

> . . . .
>
> geb. . . . .
>
> * . . . . 19 . .   † . . . . 19 . .
>
> Ort, Datum
> Straße   In Dankbarkeit und stiller Trauer
>   nehmen wir Abschied:
>
> . . . .
>
> . . . .
>
> . . . .
>
> Die Beisetzung hat am Mittwoch, dem . . . . 19 . . in . . . . stattgefunden.

Muster 4 (Nachruf)

> NACHRUF
>
> In Trauer nehmen wir Abschied von unserem langjährigen Mitarbeiter
>
> ....
>
> Er verstarb im Alter von . . . Jahren. Herr . . . . war ein geschätzter und pflichtbewußter Mitarbeiter. Nach . . jähriger Tätigkeit gehörte er weitere . . . Jahre zu unseren Pensionären.
>
> Wir werden uns gerne an ihn erinnern.
>
> Betriebsleitung und Belegschaft
>
> ....

Muster 5 (Danksagung)

> DANKSAGUNG STATT KARTEN
>
> Herzlichen Dank allen, die uns in unserer Trauer um unseren lieben Entschlafenen
>
> ....
>
> nahe waren und uns so ihre Verbundenheit fühlen ließen. Wir waren tief bewegt über die überaus vielen Zeichen der Wertschätzung und der tröstenden Anteilnahme.
>
> Ort/Datum ....
>
> mit Kindern und Familien

Traueranzeigen

Muster 6 (Danksagung)

DANKSAGUNG   *STATT KARTEN*

Die herzliche und tröstende Anteilnahme zum Tode meines Mannes

                . . . .

hat mich tief bewegt. Für die vielen Beweise des Mitgefühls in Wort und Schrift und die zahlreichen Blumen- und Kranzspenden bedanke ich mich herzlich. Mein besonderer Dank gilt Herrn Pfarrer . . . ., Herrn Dr. . . . . sowie Frau Schwester . . . . für die aufopfernde Pflege, den Mitgliedern des Vereins . . . . sowie allen, die meinem Mann das letzte Geleit gaben.

Ort/Datum   . . . .

Ob man zusätzlich zur Traueranzeige bzw. der Danksagung **Trauerkarten bzw. Danksagungen** drucken läßt und verschickt, ist wiederum eine persönliche Entscheidung, die von den Angehörigen alsbald im Hinblick auf die drucktechnische Herstellung getroffen werden sollte. Wohnte der Betroffene etwa in einer dörflichen Gemeinschaft, ist es z. T. üblich, lediglich ggf. noch ergänzend über eine regionale Zeitung hinaus eine kurze Danksagung im Gemeinde-Mitteilungsblatt oder ähnlichem zu veröffentlichen. Anders kann natürlich die Situation in einer größeren Stadt sein. Es wird auch davon abhängen, welcher Kreis über die Angehörigen hinaus von dem Sterbefall unterrichtet werden soll.

Wie aus Muster 2 z. B. ersichtlich, kann auch bereits über eine Traueranzeige der Wunsch geäußert werden, von Beileidsbezeigungen am Grabe Abstand zu nehmen, insbesondere wenn zu erwarten ist, daß ggf. eine größere Trauergemeinde sich einfindet. Feststellbar ist zudem, daß mehrfach entweder auf Wunsch des Verstorbenen oder nach der Überzeugung der Angehörigen der Wunsch geäußert wird, anstelle von Kränzen, Blumengebinden etc. eine Spende an eine gemeinnützige Organisation vorzusehen:

Muster 7 (− Auszug −)

„*Die Trauerfeier findet am Donnerstag, den . . . . . . 19 . . um . . . . . . Uhr auf dem Hauptfriedhof in . . . . statt. Anstelle von Kränzen und Blumen als letzten Gruß bitten wir auf Wunsch des Verstorbenen folgende Organisation zu unterstützen: . . . . Konto-Nr. . . . . bei . . . . Bank in . . . .*"

Vermächtnis

Ist beabsichtigt, **Vermögensgegenstände** oder **sonstige vermögensrechtliche Vorteile** einer Person zukommen zu lassen, die nicht Erbe oder Miterbe werden soll, kann diese Anordnung durch ein **Vermächtnis** festgelegt werden.

Der vermachte Vermögensgegenstand fällt zwar zunächst in den Nachlaß und geht damit auf die Erben über. Der Begünstigte kann jedoch in **schuldrechtlicher Hinsicht** die Erfüllung verlangen, dies sogar im Klagewege durchsetzen. Ein Vermächtnis kann vom Erblasser gesondert oder im Rahmen eines umfassenden Testaments verfügt werden. Die strengen Formvorschriften der → *Testaments*errichtung sind zu beachten.

Im Vermächtnis kann bereits festgelegt werden, daß ein **Ersatzvermächtnisnehmer** für den Fall bedacht werden soll, daß der ursprünglich Begünstigte z. B. vor Eintritt des Erbfalls verstirbt. Bei Abfassung eines Vermächtnisses sollte unbedingt auf eine klare inhaltliche Bestimmung der Zuwendung geachtet werden sowie auf die Aussage, wer ggf. als Erbe/Miterbe **beschwert** (belastet) werden soll. Möglich ist auch die Festlegung eines Untervermächtnisses, d. h. die Verpflichtung des Begünstigten (Vermächtnisnehmers), einer weiteren Person oder Organisation z. B. eine Zuwendung nach Erhalt des Vermögensgegenstands zukommen zu lassen. Ist der Begünstigte, der den Gegenstand erhalten soll, zugleich einer von mehreren Miterben, sollte bei der Formulierung klargestellt werden, ob der Wert des Vermachten auf den Erbteil angerechnet werden soll (dann nur sog. Teilungsanordnung) oder nicht (dann sog. Vorausvermächtnis). Ein Vorausvermächtnis kann nicht nur zugunsten Dritter, sondern auch für Erben selbst getroffen werden (siehe Muster 4).

Bei Geldzuwendungen ist zu beachten, daß derartige Vermächtnisse erst dann „zur Auszahlung" kommen, wenn nach Befriedigung der Nachlaßverbindlichkeiten und Ansprüche von Pflichtteilsberechtigten noch Nachlaßwerte vorhanden sind. Sofern nichts anderes für diesen Fall festgelegt ist, sind mehrere Vermächtnisse entsprechend anteilig zu kürzen.

Werden Geldvermächtnisse ausgesetzt, sollte darauf geachtet werden, daß dies nicht zu Liquiditätsproblemen bei den Erben führt, wenn z. B. im wesentlichen nur schwer realisierbare sonstige Nachlaßwerte (Grundstücke, Kunstgegenstände) vorhanden sind. Eine Auszahlungsanordnung (siehe Muster 3) dürfte ratsam sein.

Muster 1 (Geldvermächtnis)

> Als Dank für die aufopfernde Pflege soll bei meinem Ableben Frau.........., wohnhaft.........., einen Geldbetrag in Höhe von........ DM erhalten.

Vermächtnis

Muster 2 (weitere Vermächtnisvorschläge)

> Mein langjähriger Freund ...., wohnhaft ...., soll nach meinem Ableben ein Bild aus meiner Bildersammlung in meinem Arbeitszimmer als Erinnerung erhalten, das er sich selbst aussuchen kann.

oder

> Meine Büchersammlung, die sich in meinem Arbeitszimmer befindet, soll mein Mitarbeiter ...., wohnhaft ...., als Zeichen der Anerkennung für die langjährige Zusammenarbeit erhalten.

oder

> Mein Schüler ...., wohnhaft ...., soll den schwarzen Flügel als Vermächtnis erhalten, der sich in meinem Arbeitszimmer befindet. Der Vermächtnisnehmer hat jedoch die Kosten für den Transport selbst zu tragen.

oder

> Ich lege außerdem fest, daß das Herrn ...., wohnhaft ...., gegebene Privat-Darlehen über .... DM insgesamt erlassen wird.

Muster 3 (Ersatzvermächtnis)

> Herr........., wohnhaft........, soll als Vermächtnis einen Betrag von........ DM erhalten. Der Betrag soll frühestens sechs Monate nach meinem Ableben zur Auszahlung kommen. Für den Fall des Todes von Herrn........ sollen dessen leibliche Abkömmlinge Ersatzvermächtnisnehmer werden.

Muster 4 (Vorausvermächtnis)

> Meine Tochter........ soll voraus, ohne Anrechnung auf den Erbteil, mein Bild mit dem Motiv „Stilleben", das im Wohnzimmer aufgehängt ist, als Erinnerungsstück erhalten.

Vollmachten

Unabhängig von den Verfügungen von Todes wegen oder weitergehender Bestimmungen – etwa die Einsetzung eines Testamentvollstreckers –, kann der Erblasser schon zu Lebzeiten festlegen, daß eine oder sogar mehrere Personen seines Vertrauens nach seinem Ableben **bevollmächtigt sein sollen, bestimmte Rechtsgeschäfte für ihn abzuwickeln.** Im Regelfall gilt dies für etwaige Konten-Guthaben, wenn z. B. der Erblasser alleine über bestimmte Konten zu Lebzeiten verfügungsberechtigt war und er im Hinblick auf notwendige finanzielle Aufwendungen zur Nachlaßabwicklung eine Vertrauensperson für die finanzielle Regelung einsetzen möchte.

Den Umfang der Vollmacht kann der Vollmachtgeber (Erblasser) selbstverständlich selbst bestimmen.

Es empfiehlt sich aber grundsätzlich, eine Vollmachtsregelung nicht noch in einem Testament aufzunehmen, um gerade im Hinblick auf die Dauer dem Berechtigten bis zur Testamentseröffnung einen Handlungsspielraum eröffnen zu können.

Vollmachten

Die Vollmacht kann gegenüber mehreren Bevollmächtigten erteilt werden. Es gilt aber im einzelnen zu prüfen, ob man nicht Einzelvollmachten mit dem Vermerk erteilt, daß jeder Bevollmächtigte allein vertretungsberechtigt ist. Es ist aber immer zu erwägen, ob nicht Einzelvollmachten mit Alleinvertretungsmacht für jeden Bevollmächtigten zweckmäßiger sind.

Die Vollmacht **sollte schriftlich erteilt werden.** Besondere Formzwänge bestehen nur dann, wenn mit der Vollmacht auch die Befugnis zur Verfügung über Grundstücke erteilt werden soll. In diesem Fall bedarf sie auf jeden Fall der **notariellen Beurkundung** bzw. **Beglaubigung.**

Zu Beweiszwecken im Geschäftsverkehr empfiehlt es sich, die Unterschrift des Erblassers unter der ausgestellten Vollmacht beglaubigen zu lassen.

Je nach Inhalt unterscheidet man eine sog. **Generalvollmacht** von der **Spezial-Vollmacht.**

Die Vollmacht kann auch in zeitlicher Hinsicht entsprechend **befristet** werden. Hat der Erblasser z. B. zu Lebzeiten keine Vollmacht erteilt, kann er natürlich die Vollmacht auch gezielt nur auf den Todesfall ausstellen. Die Vollmacht wird also erst dann wirksam, wenn der Todesfall eintritt.

In der Praxis weitaus üblicher ist allerdings eine Vollmacht, die schon zu Lebzeiten gegenüber dem Vollmachtnehmer erteilt wird. Dies kann z. B. geschehen, wenn der Vollmachtgeber krank oder aus sonstigen Gründen verhindert ist, seine Rechtsgeschäfte oder auch Geschäfte des Alltags selbst zu besorgen. Hier kann natürlich schon in der Vollmacht festgelegt werden, daß diese mit dem Todesfall erlischt oder – was ausdrücklich vermerkt werden muß – daß diese über den Tod hinaus weiterbestehen soll (siehe das nachfolgende Muster).

In dem häufigen Fall, nämlich der Erteilung einer speziellen **Bankvollmacht,** empfiehlt es sich, die Vollmacht durch Einschaltung des Bankinstitutes zu erteilen. Die Bankinstitute bieten hierfür spezielle Bank-Vollmachten an.

Es ist keineswegs vorgeschrieben, daß eine Vollmacht vor ihrem Wirksamwerden dem Bevollmächtigten auch ausgehändigt werden muß. Hier sollte natürlich vorgesehen werden, daß der Bevollmächtigte überhaupt darüber informiert ist, daß ihm eine Vollmacht zur Verfügung steht. Ggf. ist diese sogar speziell nur auf den Todesfall hin ausgestellt, und der Bevollmächtigte sollte wissen, daß sie sich in den Unterlagen des Erblassers befindet oder bei einem Bankinstitut für den Bevollmächtigten hinterlegt ist.

_____ Vollmachten

Muster: Spezial-Vollmacht für den Todesfall

> Hiermit erteile ich Herrn/Frau ....
>
> wohnhaft in ....
>
> Paß-Nummer: .... die
>
> VOLLMACHT
>
> über mein Konto ....bei der ....-Bank
>
> in ....nach meinem Tode über ein dortiges zum Todeszeitpunkt vorhandenes Guthaben zu verfügen. Der/die Bevollmächtigte ist nicht berechtigt, die Vollmacht auf Dritte zu übertragen.
>
> Die von mir erteilte Original-Vollmacht befindet sich bei der ......-Bank
>
> in ....
>
> Für Konto-Verfügungen ist der/die Bevollmächtigte verpflichtet, den Todesfall durch eine Sterbeurkunde gegenüber dem Bankinstitut nachzuweisen.
>
> _____   _____
> (Ort, Datum)   (Unterschrift)

| Hinweis: |

Gerade bei einer erteilten Vollmacht auf den Todesfall ist der Bevollmächtigte natürlich **nicht berechtigt,** Zahlungen für sich zu vereinnahmen oder zu verbrauchen, die er von dem Bankinstitut entgegengenommen hat. Zwar wird bei ordnungsgemäßer Bevollmächtigung das Bankinstitut haftungsfrei, der Bevollmächtigte hat jedoch über die erhaltenen Beträge **Rechenschaft und Auskunft** gegenüber den Erben/Miterben zu erteilen, da mit dem Todesfall das vorhandene Vermögen (kraft Gesetz) auf die Erben übergeht. Eine genaue Aufzeichnung über abgehobene Barbeträge und den Verwendungszweck (etwa für die Durchführung der Bestattung oder Abdeckung laufender finanzieller Verpflichtungen des Erblassers) empfiehlt sich grundsätzlich. Wegen weiterer Bank-Vollmachten sollte bei den Bankinstituten nachgefragt werden.

Widerruf von Testamenten

→ *Testamente* können jederzeit entweder **insgesamt oder teilweise widerrufen werden**. In einem Privattestament kann neben dem einfachsten Weg, nämlich der Vernichtung der Urkunde, auch das bereits errichtete Testament gestrichen oder mit entsprechenden Ungültigkeitsvermerken versehen werden. Darüber hinaus ist die zeitlich feststellbare nachträgliche Errichtung eines neuen Testamentes als Widerruf des vorherigen Testaments anzusehen, wenn es nicht im Zusammenhang mit dem zuvor errichteten Testament steht oder auf frühere Einzelbestimmungen Bezug nimmt.

Zu beachten ist, daß beim **öffentlichen Testament** dieses bereits dann als widerrufen gilt, wenn der Erblasser das in besondere amtliche Verwahrung gegebene Testament **zurücknimmt**. Es kommt hier nicht auf die Angabe eines besonderen Grundes u. ä. an. Das öffentliche Testament verliert mit der Rücknahme seine Wirkung. Nach Rücknahme muß daher wiederum ein neues Privattestament oder öffentliches Testament errichtet werden, wenn beabsichtigt ist, von der gesetzlichen Erbfolge abweichende oder ergänzende Verfügungen zu treffen.

Allerdings bedeutet die **Rücknahme** eines beim Nachlaßgericht/Notariat hinterlegten privatschriftlichen Testaments noch **keinen Widerruf**. Sowohl das privatschriftliche als auch das öffentliche Testament kann in seiner Wirkung dadurch aufgehoben werden, wenn ein (zeitlich) neueres Testament **handschriftlich** errichtet wird. Möglich ist auch eine nur inhaltliche Abänderung, wobei zur Vermeidung von Auslegungsschwierigkeiten auf klare Formulierungen unbedingt geachtet werden sollte.

Zu beachten ist, daß bei einem **Ehegattentestament** mit wechselbezüglicher Verfügung das Widerrufsrecht mit dem Tode eines Ehegatten erlischt. Zu Lebzeiten bleibt nur die Möglichkeit einer **neuen gemeinschaftlichen Verfügung** oder die Abgabe einer **notariellen Widerrufs-Erklärung** gegenüber dem anderen Ehegatten.

Auch eine Eheauflösung (Scheidung, Annulierung) führt zu einer Unwirksamkeit eines gemeinschaftlichen Testaments, falls nicht ausdrücklich auch für diesen Fall die Verfügungen vom Erblasser gewollt sind.

Muster

> Unter Widerruf sämtlicher bisher errichteter Verfügungen von Todes wegen, bestimme ich folgendes:

5 Dispositionen

Was im einzelnen bei einem Erbfall ablaufen kann, haben Ihnen die vorangegangenen Einzelkapitel gezeigt. Das Leben geht jedoch nach einem Todesfall weiter. Man sollte sich daher nochmals die Zeit nehmen, um sich über die Gestaltungshinweise zu informieren. Vielleicht ist die eine oder andere Anregung dazu geeignet, sich über einen Berater oder eine Person des Vertrauens die notwendigen Informationen über die Auswirkungen des Erbfalls zu holen.

Vielleicht führen diese „Denkanstöße" aber auch dazu, zukunftsorientierte Überlegungen anzustellen, um insbesondere gerade im finanziellen Bereich den einen oder anderen doch noch notwendigen Schritt für eine ausreichende Altersabsicherung zu tun.

5.1 Erben/Vererben in den neuen Bundesländern

Sowohl im Zivilrecht als auch im Steuerrecht gab es gravierende Unterschiede, zumindest was Erbfälle aus dem Jahre 1990 betraf.

Für die ehemalige DDR galt das Zivilgesetzbuch, das zum Teil abweichend von dem Bürgerlichen Gesetzbuch erhebliche Unterschiede beim Erbrecht enthielt. Trat der Erbfall bis zum 2. 10. 1990 ein, so wurde der überlebende Ehegatte Alleinerbe (falls keine Kinder oder Enkel vorhanden waren). Dies war doch etwas anders in den „alten" Bundesländern, wo sich das Erbrecht des Ehegatten auf 50%, bei einer Zugewinngemeinschaft auf maximal 75% erhöhte. Und dann konnte es natürlich noch vorkommen, daß der Rest noch an die nächsten Angehörigen in der Verwandtschaft des Verstorbenen ging. Etwas großzügiger war es nach dem früheren DDR-Erbrecht beim Pflichtteilsrecht. Der Ehegatte erhielt hier immerhin ⅔ des gesetzlichen Erbteils. Nach dem BGB erhielten der Ehegatte und die Eltern, soweit noch vorhanden, die Hälfte des gesetzlichen Erbteils.

Auch bei Alleinstehenden und bei Verheirateten mit Kindern bestanden besondere Regelungen zumindest für die Erbfälle bis zum 2. 10. 1990 nach dem Zivilgesetzbuch der DDR.

Gerade für die Aufarbeitung von Erbfällen vor dem Beitrittstermin Oktober 1990 empfiehlt es sich auf jeden Fall, eine **fundierte Beratung** durch einen **Rechtsanwalt** oder **Notar** in Anspruch zu nehmen.

Grundsätzlich gilt darüber hinaus für alle Erbfälle **nach** dem 3. 10. 1990 das Bürgerliche Gesetzbuch; Erläuterungen hierzu finden Sie im **Lexikon-Teil** dieser **Broschüre.**

Und gerade deshalb sollte man als interessierter Bürger in den neuen Bundesländern auch darauf achten, daß man **frühere** testamentarische **Verfügungen** auch dahingehend überprüft, ob im Falle des Todes tatsächlich eine letztwillige Verfügung noch in vollem Umfang den rechtlichen Konsequenzen nach dem Bürgerlichen Gesetzbuch entspricht. Natürlich werden diese Verfügungen nicht unwirksam. Allerdings kann sich gerade bei der Einbeziehung von Kindern, auch insbesondere bei alleinstehenden Erblassern, hier in der rechtlichen Konsequenz einiges ändern.

5.2 Steuerfolgen

Nach dem Tod eines Ehepartners kann man noch für ein weiteres Kalenderjahr (Veranlagungszeitraum) den günstigeren Splitting-Tarif in Anspruch nehmen. Das bedeutet: Sowohl im Sterbejahr als auch im Jahr darauf errechnet sich die zu leistende **Einkommensteuer nach der sog. Splittingtabelle**, die gegenüber der Grundtabelle (für Alleinstehende) zu einer nicht unbeachtlichen Einkommensteuer-Reduzierung durch dieses sog. „Gnaden-Splitting" führt.

Wurde bisher eine **Einkommensteuer-Veranlagung** durchgeführt und auch **Einkommensteuervorauszahlungen festgesetzt**, sollten Sie prüfen, ob sich ein Antrag auf Herabsetzung der Einkommensteuervorauszahlungen lohnt. Dies gilt insbesondere dann, wenn durch den Todesfall des zusammen veranlagten Partners ein zusätzliches Einkommen (z. B. aus einem Arbeitsverhältnis) wegfällt. Zu prüfen ist darüber hinaus, ob bei einer bestehenden Vermögensteuerpflicht festgesetzte Vorauszahlungen ebenfalls reduziert werden können, weil z. B. das Erbe zwischen weiteren Erben oder Vermächtnisnehmern geteilt wird.

Eine **Einkommensteuererklärung** muß im Zweifelsfall auch weiterhin abgegeben werden, es sei denn, das Finanzamt stellt hiervon für die Zukunft frei. Dies ist z. B. dann der Fall, wenn man etwa nur noch eine geringe Rente ohne sonstige Einkünfte (z. B. Kapitalvermögen, Vermietung und Verpachtung, eigenes Arbeitseinkommen etc.) bezieht.

Wer eine Beamten-Pension erhält oder etwa Ansprüche aus einer bestehenden betrieblichen Altersversorgung des verstorbenen Ehepartners hat, muß hierfür auch **Lohn- und ggf. Kirchenlohnsteuer** zahlen. Die Abführung der Steuer wird im Regelfall wie bei einem Arbeitsverhältnis durch die Stelle vorgenommen, die diese Leistungen erbringt. Bestand etwa zu Lebzeiten des verstorbenen Ehepartners keine Einkommensteuer-Veranlagungspflicht oder fällt diese jetzt wegen geringerer Einkünfte weg, sollte man versuchen, ggf. über einen **Lohnsteuer-Jahresausgleich** (fristgebunden: zum Schluß des übernächsten Kalenderjahrs zu stellen!) einbehaltene Lohnsteuer zurückzuholen.

Keine unmittelbaren steuerlichen Auswirkungen hat natürlich der Todesfall eines sonstigen **nahen Angehörigen** (also nicht des Ehepartners). Beim Todesfall eines Kindes, das dem Haushalt der Eltern zugerechnet wird, bleiben die steuerlichen Vergünstigungen zumindest im Sterbejahr erhalten (z. B. das Baukindergeld, Kinderfreibetrag). Andere Vergünstigungen wie z. B. ein bisher erhaltener Ausbildungsfreibetrag werden nur noch bis zum Sterbemonat **zeitanteilig** gewährt.

Übrigens:

Wer nach dem Tod des Ehepartners weiterarbeitet und Arbeitseinkünfte erzielt, sollte unbedingt auch der Frage nachgehen, ob er nicht über eine **Änderung der bisherigen Steuerklasse** relativ schnell zu einem verringerten Lohnsteuer-Abzug bei laufenden Gehaltszahlungen kommt.

Obwohl die **Einkommensteuerpflicht** mit dem Todesfall des Erblassers endet, sind die Erben gegenüber dem Finanzamt verpflichtet, bei zufließenden Einkünften sich hierüber für die Zukunft in den eigenen Steuererklärungen ordnungsgemäß zu erklären. Doch damit nicht genug: Im Zweifel muß auch eine **Vergangenheitsbewältigung** vorgenommen werden! Nicht immer wurde eine Steuererklärung zeitnah abgegeben, so daß diese **Erklärungspflicht** die Erben trifft. Für einen überlebenden Ehepartner mag es ja noch einfach sein, sich anhand der vorgefundenen Unterlagen zumindest grob über die steuerlichen Belange und Zahlungspflichten zu informieren.

Bei Abkömmlingen eines alleinstehenden Erblassers wird sich das Finanzamt bei diesen Erben ggf. melden, denn noch ausstehende Steuererklärungen müssen von diesen in Vertretung für den Erblasser abgegeben werden oder vom Testamentsvollstrecker/Nachlaßverwalter. Eine große Überraschung kann es dann geben, wenn die Erben sich zwar über eine bislang unbekannte größere Erbschaft freuen durften, das Finanzamt jedoch durch die Meldung der Erbschaftsteuerstelle über den Erbfall dahintergekommen ist, daß ggf. schon zu Lebzeiten noch eine Einkommensteuer- vielleicht sogar auch Vermögensteuerpflicht dem Grunde nach bestanden hat.

Gerade bei einem Erblasser, der vielleicht schon längere Zeit aus dem Berufsleben ausgeschieden ist und – aus welchen Gründen auch immer – keine Steuererklärungen mehr abgegeben hat, kann das Finanzamt je nach Art der Einkünfte und daneben bezogenen Renten/Pensionen eine **Nachveranlagung** durch Einschaltung der Erben vornehmen. Zwar ist im Regelfall die Nichtangabe von weiteren Einkünften (z. B. Mieteinkünfte, Kapitalerträge, Gewinnbeteiligungen etc.) auf eine zu unterstellende Unkenntnis der steuerlichen Pflichten zurückzuführen. Dies schützt jedoch die Erben nur bedingt vor weiteren neugierigen Fragen des Finanzamtes mit der Aufforderung, Steuererklärungen auch für zurückliegende Jahre noch innerhalb einer bestimmten Frist einzureichen. Der Fall, daß der Erblasser wirklich nur in den letzten zwei bis drei Jahren vor seinem Ableben über weitere steuerpflichtige Zusatzeinkünfte verfügte, ist relativ selten.

Im Regelfall wird das Finanzamt die Steuererklärungen jedoch für mindestens weitere vier Jahre vor dem Sterbejahr anfordern. Bei relativ geringen Einkünften kann es sich lohnen, bei dem Finanzamt vorzusprechen, um unter Darlegung

Dispositionen

der tatsächlichen Verhältnisse ggf. zu erreichen, daß man sich für eine **Nachversteuerung** auf einen kürzeren Zeitraum beschränkt.

Ergibt sich aus den vorgefundenen Vermögenswerten auch noch der **Verdacht**, daß der Erblasser vielleicht sogar eine **Steuerhinterziehung** begangen hat, wird die Sache für die Erben sehr teuer: Bis zu 13 Jahren, in gravierenden Fällen bei Fortsetzungstaten sogar noch darüber hinaus, werden dann schon abgegebene Steuererklärungen berichtigt, wobei die daraus festgesetzte Einkommensteuer von den Erben als Haftungsschuldnern verlangt wird. Bei einer Steuerverkürzung oder Steuerhinterziehung können auch noch **Hinterziehungszinsen** hinzukommen.

Läßt man einmal diese – unterstellten – Ausnahmefälle beiseite, gibt es aber erfahrungsgemäß bei einem Erbfall Probleme, wenn plötzlich größere **Sparguthaben** oder vorhandene **Aktienbestände** aus Wertpapierdepots auftauchen, die bislang auch dem Finanzamt nicht bekannt sind. Nur für den überlebenden Ehepartner bestand hier ein „Rettungsanker" über das **Steueramnestie-Gesetz**. Hatte der Erblasser in der Vergangenheit seine Kapitaleinkünfte (nur darum geht es, nicht um sonstige Einkünfte wie aus Vermietung oder verschwiegene Einkünfte aus Gewerbebetrieb etc.) nicht ordnungsgemäß erklärt, also z. B. Zinserträge oder Dividendengutschriften bei seinen Steuererklärungen entweder überhaupt nicht angegeben oder auch nur teilweise erklärt, konnte man im Wege einer **Nacherklärung** relativ einfach reinen Tisch mit dem Finanzamt machen. Bis zum 31. 12. 1990 bestand allerdings nur für den überlebenden Ehepartner die Möglichkeit, dem Finanzamt die nichterklärten Kapitaleinkünfte zu melden. Die abgegebenen Steuererklärungen werden dann für die Jahre ab 1986 berichtigt oder ggf. auch erstmals neu erstellt. Auch hat der Ehepartner die festgesetzten Steuern hieraus nachzuzahlen.

Als Gegenleistung erhielt man jedoch dafür einen **Steuerbonus vom Finanzamt:** Für alle weitergehenden Zeiträume vor 1986 blieb man vor Steuernachforderungen verschont, gleichgültig, in welcher Höhe Kapitalerträge in den Jahren zuvor erzielt wurden. Die für die Zeiträume 1986 neu festgesetzten Steuern mußten binnen eines Monats nach Festsetzung (nach Erhalt des geänderten Steuerbescheides) entrichtet werden.

Wohlgemerkt: Dieser Steuerbonus bezog sich ausschließlich auf nichterklärte Kapitaleinkünfte (also Zinsen aus Sparguthaben etc.). Es gibt die **Steueramnestie-Regelung** nur für die zum Zeitpunkt des Todes des Erblassers mit ihm zusammen veranlagten Personen, im Regelfall also nur für den Ehegatten. Der volljährige Sohn als Alleinerbe des letztverstorbenen Elternteils konnte – mangels Zusammenveranlagung – von der Amnestieregelung für Steuersünden des Erblassers leider insoweit keinen Gebrauch machen. Etwas anderes gilt natürlich für eigene, bislang vergessene Kapitaleinkünfte!

Hinweis: Wurde von der ausgelaufenen Amnestie-Regelung Gebrauch gemacht, läßt sich feststellen, daß einzelne Finanzämter zum Teil dazu überge-

Dispositionen

gangen sind, Hinterziehungszinsbescheide auch gegenüber den Erben zu erlassen. Dies ist derzeit in der Rechtsprechung höchst umstritten. Als mit diesen nicht unerheblichen Hinterziehungszinsen belasteter Erbe sollte man auf jeden Fall steuerliche Beratung in Anspruch nehmen, wenn eine Nacherklärung noch zu Lebzeiten gemacht wurde und zwischenzeitlich ein Todesfall eingetreten ist. Das Finanzamt trägt zumindest die Beweislast dafür, daß der Erblasser in den Fällen der Nichterklärung von Kapitaleinkünften objektiv und subjektiv eine Steuerhinterziehung begehen wollte. Auch hier wird es wieder mit Sicherheit auf die Höhe der hinterzogenen Beträge ankommen. Ggf. kann im Einzelfall auch Antrag auf Erlaß der Hinterziehungszinsen weiterhelfen.

Noch ein kleiner **Tip:** Wer als Erbe Kapitaleinkünfte nacherklärt oder diese bei zeitnaher Steuer-Veranlagung in der Anlage „KSO" angibt, sollte mögliche Werbungskosten nicht vergessen. Zwar wurden rückwirkend zum 1. 1. 1989 die Sparerfreibeträge von bisher 300 DM (Ledige) bzw. 600 DM (Verheiratete) auf 600/1.200 DM erhöht. Unverändert geblieben ist jedoch der automatisch berücksichtigte Werbungskostenpauschbetrag für Kapitaleinkünfte von 100 DM/200 DM. Bei größeren Aufwendungen (Fahrten zur Hauptversammlung, Depotgebühren, Bankspesen) kann es sich lohnen, hier durch Einzelnachweis die steuerpflichtigen Einkünfte zu reduzieren.

5.2.1 Steuerfolgen bei Erbfällen in den neuen Bundesländern

Noch bis Ende 1990 galt auch für die neuen Bundesländer im Bereich des Erbschaft- und Schenkungsteuerrechts eine weit ungünstigere Regelung aufgrund der damaligen DDR-Steuergesetzgebung. Erbfälle wurden mit sehr hohen Steuersätzen besteuert.

Erst ab dem 1. 1. 1991 gilt nunmehr auch **bundeseinheitlich** für alle Erbfälle danach das Erbschaft- und Schenkungsteuergesetz mit den wesentlich höheren Erbschaftsteuer-Freibeträgen.

Wurde durch eine Erbfolge oder ein Schenkungsteuervorgang eine Steuerpflicht noch nach dem Beitritt, d. h. ab Oktober 1990, ausgelöst, sollte man als betroffener Steuerzahler unbedingt darauf achten, daß etwaige Erbschaft- oder Schenkungsteuerbescheide nicht bestandskräftig werden.

Es ist davon auszugehen, daß wegen der erheblichen Diskrepanz zwischen den Erbschaftsteuersätzen in der bisherigen Bundesrepublik und den ungünstigen Steuergesetzen der ehemaligen DDR das Bundesfinanzministerium eine Billigkeitsregelung erlassen wird, soweit es sich um steuerpflichtige Vorgänge im Jahre 1990 handelt.

Soweit z. B. Erbfälle eingetreten sind und nunmehr die Erbschaftsteuerfestsetzung läuft, sollte man auf jeden Fall gegen etwaige Erbschaftsteuerbescheide einen Einspruch einlegen. Der Einspruch sollte den Antrag enthalten, das

Einspruchsverfahren ruhen zu lassen, bis eine entsprechende Billigkeitsregelung vorliegt bzw. hier von Amts wegen das Finanzamt ggf. bereit ist, bei dem Besteuerungsvorgang die jeweils günstigste Steuergesetzgebung (der ehemaligen DDR bzw. das Erbschaftsteuergesetz der Bundesrepublik) zugrunde zu legen.

An dieser Stelle auch noch ein Hinweis zur Übertragung von Eigentumsansprüchen aufgrund früherer DDR-Enteignungsmaßnahmen:

Wird das Eigentum zurückübertragen auf der Grundlage des Vermögensgesetzes bzw. der entsprechenden Rechtsvorschriften, so fällt hierfür keine Grunderwerbsteuer an. Das Bundesfinanzministerium hat nunmehr in einem weiteren Erlaß klargestellt, daß bei allen Erbfällen vor dem 29. 9. 1990 der Erbe, der Ansprüche auf die Rückübertragung von DDR-Vermögen nach dem Vermögensgesetz durchgesetzt hat, hierfür keine Erbschaftsteuer zu zahlen hat.

5.3 Auch der Betrieb muß weiterlaufen

Für diesen Bereich gilt zunächst die Faustregel, daß **betriebliche Steuern**, Abgaben etc. weiterhin angemeldet und zum festgelegten Zahlungszeitpunkt entrichtet werden müssen. War der Erblasser Inhaber eines Unternehmens, wird die Erfüllung notwendiger Steuerpflichten meist von der firmeneigenen Buchhaltung oder über den steuerlichen Berater weiterhin erbracht. Ansonsten muß ein etwa eingesetzter Nachlaßverwalter oder Testamentsvollstrecker die steuerlichen Pflichten im Zusammenhang mit der Betriebsfortführung übernehmen.

Auch wenn der Erblasser ein **Einzelunternehmen** führte und – bedingt durch den Todesfall – das Geschäft/die Praxis nicht fortgesetzt werden soll, werden von dem überlebenden Ehepartner oder den Erben gewisse Entscheidungen verlangt. Ein Verkauf des Unternehmens/der Praxis wegen eines Todesfalls ist ein Vorgang, für den sich das Finanzamt wegen des daraus erzielten **Veräußerungsgewinns** interessiert. Schon wegen der Bewertung des Geschäftsvermögens, des Kundenstamms oder Inventars, sollten in aller Ruhe die Vor- und Nachteile einer möglichen Veräußerung in bezug auf steuerliche Konsequenzen mit einem fachkundigen Berater erörtert werden.

Dies gilt natürlich dann auch für die Fälle, wo die Erben oder der Ehepartner als Alleinerbe beabsichtigen, den **Betrieb fortzuführen**. Zu beachten sind die weitergehenden zivilrechtlichen Konsequenzen, vorrangig die Haftung für bestehende Geschäftsverbindlichkeiten etc. Auch die gewerberechtliche Seite darf nicht übersehen werden: Bei Handwerksbetrieben muß z. B. sichergestellt sein, daß bei einer Betriebsfortführung etwa ein Handwerksmeister aufgrund der geforderten fachlichen Qualifikation zur Verfügung steht, was auch für sonstige Konzessionsträger gilt.

Auch bei mehreren Erben (etwa Ehefrau mit Kindern ohne besondere testamentarische Regelungen) kann sich die Frage der **Betriebsfortführung** je nach Alter und Sachkenntnis der Erben komplizieren. Je nach Rechtsform des Betriebes sollte man auch alsbald vorgefundene Gesellschaftsverträge dahingehend überprüfen lassen, in welcher Weise der oder die Erben hier auch weiterhin an dem Betrieb beteiligt bleiben. Eintrittsrechte der Erben in eine Gesellschaft sind meist wiederum fristgebunden. Selbst ein von seiten des Erblassers wohlgemeinter Ausschluß der Erben aus der Gesellschaft nach seinem Tode kann nicht unerhebliche Probleme bereiten, da die Frage der Ausgleichszahlungen für das Ausscheiden aus der Gesellschaft z. T. mühevoll ist und über Todesfall-Stichtagsbilanzen etwa bei einer Buchwertabfindung erarbeitet werden müssen.

Es kann daher an dieser Stelle nur die **dringende Empfehlung** gegeben werden, daß man **als Selbständiger** stets darauf achten sollte, daß die Bestimmungen in bezug auf den Erbfall in den Gesellschaftsverträgen mit weiteren persönlichen Verfügungen von Todes wegen (z. B. Testamenten) abgestimmt sind. Es sollte schon fast eine Routine sein, daß man zum Schutz der eigenen Angehörigen auch in regelmäßigen Jahresabständen prüft, ob die bisher getroffenen testamentarischen Verfügungen noch genügend zukunftsorientiert sind.

Denn: Es kommt doch recht häufig vor, daß z. B. bei Neugründungen der Frage der **Betriebs-Weiterführung für den Todesfall** kaum Beachtung geschenkt wird, weil nämlich etwa die Ehefrau im Betrieb nicht mitarbeitet oder minderjährige Kinder zu diesem Zeitpunkt vorhanden sind. Soll der Betrieb nicht zwangsläufig nach einem plötzlichen Todesfall in fremde Hände übergehen, bieten sich zum Schutz der nahen Angehörigen zunächst gewisse erbrechtliche Vorsorgemaßnahmen an, z. B. die Einsetzung eines Testamentsvollstreckers. Auch ergibt sich meist erst Jahre später, ob etwa das eine oder andere Kind persönliche und fachliche Voraussetzungen mitbringt, um den Betriebsinhaber nach dessen Tod ersetzen zu können.

Eine zeitgemäße **Nachfolgeregelung** sollte gerade auch dann in Betracht gezogen werden, wenn auch andere Beteiligte in einer Gesellschaft Führungspositionen ausüben und nahe Angehörige zumindest eine mehr oder weniger festzulegende Einflußnahme auch nach dem Ableben des Hauptgesellschafters haben sollen.

War der Erblasser als **selbständiger Handelsvertreter** tätig, sollte man auf die fristgerechte Anmeldung des Ausgleichsanspruchs (innerhalb 3 Monaten nach dem Todesfall) achten.

5.4 Was die finanzielle Vorsorge angeht ...

Schon der Sterbefall selbst kann aufgrund der veränderten gesetzlichen Voraussetzungen zu erheblichen finanziellen Belastungen führen. Bereits jetzt klagen

Dispositionen

viele Bestattungsinstitute und -ämter darüber, daß die Verkürzung des Sterbegeldes bei den Versicherten der gesetzlichen Krankenkassen dazu führt, daß sofort z. T. finanzielle Engpässe nach der Durchführung der Bestattung bestehen. Es gilt daher, schon jetzt darüber nachzudenken, wie man eine mit Sicherheit zu erwartende Lücke zwischen den Sterbegeldern und den tatsächlichen Bestattungskosten einschließlich Grabanlage mit Grabstein etc. füllen kann.

Die Frage, ob man jetzt noch zusätzliche **Sterbegeld-Versicherungen** abschließt oder sich für den Fall des Ablebens mit einer ggf. kostengünstigeren **Risikolebensversicherung** weiterhilft, sollte über einen Prämienvergleich gelöst werden. Für die Höhe der Prämie ist vorrangig das Alter des Versicherungsnehmers entscheidend. Nicht verschweigen kann man allerdings die Unterschiede bei der Höhe der hierfür zu zahlenden Versicherungsprämien und dem Leistungsumfang bei Eintritt des Versicherungsfalls. Bereits bestehende Lebensversicherungen oder sonstige Versicherungen mit Zusatzleistungen bei bestimmten Arten von Todesfällen (z. B. Unfall) sollten mit in die Gesamtüberlegungen einbezogen werden.

Natürlich sollte man auch einen Blick nach vorne tun, wenn etwa der Sterbefall des Ehepartners schon eingetreten ist und man im Hinblick auf das Alter und zur Absicherung finanzieller Risiken die bestehenden Versicherungen überprüft. Bereits über Jahre laufende **Sterbegeld-Versicherungen** der gemeinsam abgeschlossene **sonstige Lebensversicherungen** sollten schon wegen der günstigen Prämien im Hinblick auf das frühere Eintrittsalter ggf. fortgeführt werden. Ob man sich als Rentner wegen der gekürzten Sterbegeldansprüche tatsächlich nochmals entschließt, Zusatzversicherungen hierfür abzuschließen, sollte ganz einfach anhand der dafür zu zahlenden Versicherungsprämien beurteilt werden.

Eine **Sparbuchreserve** für die Aufwendungen bei Eintritt eines Todesfalls, einschließlich der Rücklagen für erforderliche Pflegekosten, dürfte je nach Eintrittsalter die vielleicht wirtschaftlichere Lösung sein.

Wer noch im Arbeitsleben steht, sollte sich zudem Klarheit über mögliche **Renten-/Pensionsleistungen** verschaffen, die weiterhin wohl ein wichtiges Standbein für die eigene soziale Absicherung im Alter sind. Je nach Lebensalter gibt es hier über die Träger der gesetzlichen Rentenversicherung schon eine vorläufige **Rentenberechnung**. Auch kann es sich lohnen, unabhängig hiervon zu überprüfen, ob keine Lücken im Versicherungslauf bestehen. Wichtig ist vor allem hierbei auch bei jüngeren Versicherten die Frage, ob über die bisherigen Versicherungszeiten zumindest eine gewisse soziale Absicherung durch Anwartschaft auf eine **Berufs-/Erwerbsunfähigkeitsrente** erreicht ist. Gerade in diesem Bereich kann es sich u. U. je nach Lebensalter lohnen, ggf. über die private Versicherungswirtschaft eine Berufsunfähigkeits-Versicherung abzuschließen.

Und wer noch einen Schritt weitergeht, wird sicherlich Überlegungen anstellen, wie man jetzt schon im Hinblick auf den Ruhestand genügend finanziellen

Freiraum neben den notwendigen Ausgaben für den Unterhalt erlangt. Man wird vielleicht schon darüber nachdenken, wie man z. B. als Alleinstehender die nicht unerheblichen Kosten für eine Betreuung durch ein Altenheim sicherstellt. Nicht immer springen Angehörige ein, um vielleicht im Falle der Pflegebedürftigkeit die Betreuung zu übernehmen. Zwar gibt es ab 1990 ein steuerliches Trostpflaster in Höhe von 1.800 DM jährlich, wenn die Pflege in der eigenen Wohnung oder in der Wohnung einer Betreuungsperson für einen pflegebedürftigen Angehörigen erbracht wird. Ansonsten können Unterbringungskosten für Altenheime, Altenwohnheime oder Pflegeheime bei Personen ohne besondere Pflegebedürftigkeit bis 1.200 DM jährlich als außergewöhnliche Belastung geltend gemacht werden.

Neu ist **ab 1990,** daß man die Kosten für eine **Hausgehilfin** daneben bis zu 12.000 DM jährlich als **Sonderausgaben** in der Steuererklärung ansetzen kann. Voraussetzung ist, daß es sich um eine zum Haushalt des Steuerzahlers gehörende Person handelt, die hilflos ist (üblicherweise als pflegebedürftig bezeichnet, Merkzeichen „H" im Ausweis). Die Pflegebedürftigkeit kann in der Person eines Kindes, des Ehegatten oder des Steuerzahlers selbst gegeben sein. Verlangt wird allerdings, daß man mit der Hausgehilfin ein sozialversicherungsrechtliches Anstellungsverhältnis eingeht.

Fällt aber eine Familienmithilfe oder auch nur ein künftiges Zusammenleben bei Verwandten aus, sollte man in Betracht ziehen, daß sich die monatlichen Belastungen in einem Altenpflegeheim leicht auf mindestens 3.000 DM monatlich belaufen können.

Und selbst wenn man – was zu hoffen bleibt – keine Hilfeleistungen durch Dritte benötigt, sollte man auf jeden Fall so frühzeitig wie möglich selbst prüfen, ob Renten, Versicherungsleistungen etc. bei Eintritt in den Ruhestand ausreichen, um die laufenden Aufwendungen (z. B. Miete) zu decken und einen gewissen Lebensstandard zu halten.

Häufig sind auch die Fälle, wo man wegen des Todes seines Ehepartners vor die Frage gestellt wird, wie man ein Eigenheim oder eine selbstgenutzte Eigentumswohnung in finanzieller Hinsicht „**halten**" kann. Wer sich Kopfzerbrechen über künftige Hypothekenbelastungen macht, sollte unbedingt eine Vergleichsrechnung dahingehend durchführen, wie es sich mit einer vergleichbaren Mietwohnung verhält. Fällt der Verdienst eines Partners aus und führt dies langfristig aufgrund der geänderten Einkommensverhältnisse zu einer nicht tragbaren Belastung, sollte man prüfen, ob z. B. ein Hausverkauf auf Leibrentenbasis den wirtschaftlichen Ausweg bedeutet. Ist ein Haus mit zwei Wohnungen vorhanden, sollte man die Möglichkeit der Einräumung eines (lebenslänglichen) Wohnrechts oder gar die Bildung von Wohnungs- und Teileigentum mit anschließendem Verkauf einer Wohnung mit in die Überlegungen einbeziehen.

Dies können – zugegebenermaßen – nur Denkanstöße sein. Jede Lebenssituation ist anders: Der Begriff der Vorsorge sollte jedoch, unabhängig von einem

Dispositionen

Trauerfall, stets im Auge behalten werden (ausführlich dazu auch das im WRS Verlag erschienene Buch: **"Ratgeber zur Altersversorgung"**, WRS-Mustervertrag Band 27).

6 Im Falle meines Todes

6.1 Die Vorsorge für den Todesfall

Bereits die Tatsache, daß Sie sich schon zu Lebzeiten mit möglichen Vorsorgemaßnahmen hinsichtlich Ihres eigenen Ablebens oder das eines Ihrer Angehörigen beschäftigen wollen, unterscheidet Sie in wirklich positiver Weise von unzähligen anderen Bürgerinnen und Bürgern unseres Landes. Dies ist keineswegs eine Phrase.

Jeder Berater wird Ihnen auf Anhieb mehr oder weniger haarsträubende Fälle aus seiner Praxis erzählen können, wenn er auf das Thema **Vorsorgemaßnahmen für den Todesfall** im Mandantenkreis angesprochen wird. Gänzlich fehlende Regelungen für den Todesfall, vielleicht aber auch nur lückenhafte, fehlerhafte oder sogar zeitlich überholte Verfügungen sind oft genug Ursache für Streitereien zwischen Erben oder anderen Anspruchsberechtigten im Ernstfall.

Erbstreitigkeiten stehen heute schon fast täglich auf der Tagesordnung bei vielen Gerichtsverhandlungen, und es beschäftigen sich damit fast ständig unzählige Anwaltskanzleien oder Notariate.

Erbstreitigkeiten können zudem, je nach vorhandenem Nachlaß, zu erheblichen späteren **finanziellen Problemen** führen. Sein „Recht" in Erbangelegenheiten durchzusetzen, kann im Einzelfall auch bedeuten, daß man gerichtliche Schritte, vielleicht gegenüber einer größeren Anzahl von Personen, einleiten muß. In den meisten Fällen muß man auch noch zur Durchsetzung seiner Ansprüche die Kosten vorlegen. In zeitlicher Hinsicht kommt noch hinzu, daß sich Erbstreitigkeiten vor den Zivilgerichten je nach Ausgangsfall und Ausschöpfung der Rechtslage auch wiederum über Jahre hinziehen können.

Dabei lassen sich derartige negative Erlebnisse im Regelfall völlig vermeiden. Jeder hat das **Recht**, über sein Vermögen für die Zeit nach dem Tode die aus seiner Sicht erforderlichen Bestimmungen zu treffen. Hier keinen Fehler zu machen, ist sicherlich nicht leicht. Übersehen sollte man aber nicht die unzähligen, vielleicht viel wichtigeren Positionen, die sich eben nicht nur ausschließlich um das „liebe Geld" drehen.

Über sich selbst, vielleicht aber auch gerade über seine Umgebung in diesem Zusammenhang nachzudenken, lohnt sich auf jeden Fall, insbesondere wenn man das Thema „Todesfall" ohne den oft sehr harten Druck einer persönlichen Erkrankung u. ä. angeht. Einige kurz gefaßte, dafür aber klare weitergehende Hinweise über testamentarische Verfügungen hinaus für die Angehörigen oder sonstige mit Ihren persönlichen Dingen betrauten Personen sind keinesfalls unangebracht. Sie können vielmehr dazu beitragen, daß gewisse Abläufe bei Ihrem persönlichen Todesfall zumindest in den wesentlichen Bereichen auch tatsächlich so gesteuert werden, wie Sie dies für sich zu Lebzeiten festgelegt haben.

Übersehen Sie auch nicht den jetzt noch vorhandenen zeitlichen Vorteil, sich über den Weg einer **persönlichen Bestandsaufnahme** zum Thema Todesfall noch in aller Ruhe einige Gedanken machen zu können. Es läßt sich leider in der Praxis vermehrt feststellen, daß diese Überlegungen tatsächlich nur dann angestellt werden, wenn im näheren Umkreis plötzlich eine derartige Situation eingetreten ist oder man vielleicht schnell noch vor Antritt einer größeren Reise oder bei einer sonstigen wichtigen Veränderung seiner persönlichen Lebenssphäre sich entschließen will, jetzt „noch schnell" die eine oder andere Verfügung für den Todesfall zu treffen.

Dies ist zwar nicht falsch, verlangt aber von Ihnen, daß Sie sich in wirklich kurzer Zeit in eine höchst schwierige Materie entweder selbst einarbeiten oder aber sorgsam darauf achten müssen, daß der von Ihnen hierzu herbeigezogene fachkundige Berater (Rechtsanwalt, Notar) Ihnen nicht nur sofort die richtige juristische Empfehlung gibt, sondern Ihnen auch hilft, Ihre Vorstellungen auch in entsprechender Weise sofort „zu Papier" zu bringen. Berücksichtigen Sie aber auch die Tatsache, daß sich ein rechtskundiger Berater erst mit Ihren persönlichen Verhältnissen unbedingt vertraut machen muß. Bedenken Sie weiterhin, daß man oft nicht alles wieder „rückgängig" machen kann, was man hier verfügt hat.

Es liegt daher an Ihnen, sich anhand der nachfolgenden Ausführungen in aller Ruhe Gedanken darüber zu machen, was im Falle Ihres Todes geschehen soll und – auch das ist wichtig – **was Sie veranlassen müssen**, wenn Sie sich etwa über Testamente oder sonstige Verfügungen bereits gebunden haben. Vielleicht ist gerade jetzt die Broschüre Anlaß dafür, über frühere Absichten nochmals intensiver nachzudenken, dann aber für den Fall einer Änderung auch die bereits getroffenen Verfügungen nochmals mit Ihrem Berater (Anwalt, Notar) durchzusprechen.

Was halten Sie zur besseren Illustration von folgendem **Beispielsfall** aus der Praxis?

Witwe A setzt nach dem frühen Tode ihres Ehemannes eine gemeinnützige Organisation zu ihrem Alleinerben ein, da Kinder nicht vorhanden sind. Das Testament wurde von ihr vor ca. 20 Jahren errichtet. Sie lernt nach einiger Zeit einen neuen Lebenspartner kennen; schon wegen der laufenden Rentenbezüge entschließt man sich, nicht nochmals eine Ehe einzugehen. Beide Partner leben über Jahre hinweg unbeanstandet zusammen, bis plötzlich die Lebenspartnerin verstirbt.

Folge: Aufgrund der Erbenstellung verlangt die Organisation das noch vorhandene Vermögen komplett bis hin zum persönlichen Inventar heraus.

Völlig unstreitig war, daß beide Partner beabsichtigten, sich im Falle des Todes wegen fehlender Verwandtschaft gegenseitig zum Alleinerben einzusetzen. Nur: Es wurde ganz einfach vergessen, die Sache schriftlich zu fixieren. Um so größer war daher das Erstaunen, als plötzlich das vor Jahren schon hinterlegte Testament auftauchte, mit allen hieraus sich ergebenden Konsequenzen. Bittere Erfahrungen, die sich vermeiden lassen.

Sie sehen daher: Es sind **zwei Schritte**, die Sie jetzt tun müssen:

1. Prüfen Sie Ihre bereits bestehenden Verfügungen von Todes wegen auf Aktualität, d. h. daraufhin, ob der von Ihnen vielleicht schon vor Jahren eingesetzte Erbe oder Begünstigte tatsächlich noch Ihr volles Vertrauen genießt.

2. Richten Sie Ihren Blick nach vorne, gehen Sie bitte Schritt für Schritt Ihre persönliche Vermögensaufstellung durch. Legen Sie auch in Bezug auf einen möglichen Todesfall jetzt schon fest, wie Ihre Bestattung und alle damit zusammenhängenden tatsächlichen und rechtlichen Verpflichtungen weiterlaufen sollen. Auch laufende Verträge, etwa bei Unfall- und Lebensversicherungen oder sonstige erworbene Anwartschaften, die auf den Todesfall einen Geldanspruch vorsehen, sollten auf die Bezugsberechtigung hin sorgfältig überprüft werden.

Eine Empfehlung, wie Sie vorgehen sollten: Wenn Sie Abschn. 6.2 in Ruhe durchgearbeitet haben, können Sie auch Ihre persönlichen Bemerkungen, Hinweise und Empfehlungen direkt an geeigneter Stelle eintragen. Bestimmt gibt es noch einiges in dieser Aufstellung, über das Sie ganz einfach nachdenken müssen. Vielleicht liegt auch der Grund darin, daß dieser kurz gefaßte Ratgeber Ihnen natürlich nicht alle notwendigen Informationen erschöpfend zu jedem Einzelthema geben kann. Denken Sie aber immer wieder daran: Je vollständiger Ihre **persönliche „Bestandsaufnahme"** zu diesem Thema ist, desto eher können Sie davon ausgehen, daß man auch wirklich diese Todesfallhinweise später einmal beachtet.

Die **Checkliste** (Abschn. 6.2) mit Hinweisen für Ihren persönlichen Todesfall können Sie auch ganz leicht aus diesem Ratgeber **heraustrennen**. Denken Sie aber bitte daran, daß diese persönlichen Aufzeichnungen zusammen mit den entsprechenden Dokumenten tatsächlich nur für Ihren Todesfall an geeigneter Stelle aufbewahrt werden.

Informieren Sie vielleicht die eine oder andere Person Ihres Vertrauens darüber, daß eine von Ihnen gefertigte „Aufstellung" zu diesem Thema existiert. Nicht jeder Bürger hat gleich einen Panzerschrank zu Hause bzw. im Betrieb oder ein Schließfach bei seiner Bank. Denken Sie bitte auch daran, daß diese Checkliste, selbst wenn sie voll ist mit vielen wichtigen Einzelhinweisen von Ihrer Seite aus, ein Original-Testament nicht ersetzen kann, das den eigentlichen Kernpunkt einer Verfügung auf Ihren Tod hin beinhalten kann. Sichern Sie daher unbedingt Ihre Unterlagen, achten Sie auf jeden Fall nochmals genau darauf, daß ein

Original-Testament tatsächlich an „sicherer" Stelle verwahrt wird. Je nachdem, wo und wie Sie Ihr Testament errichtet haben, sollten Sie doch vielleicht eine Fotokopie vom Original zu der Checkliste (nach Abschn. 6.2) nehmen.

Um jegliche Mißverständnisse zu vermeiden: Die nachfolgende Checkliste ist **kein „Pflichtenkatalog"**. Es besteht überhaupt kein Zwang für Sie, für sämtliche Fragen jetzt oder später eine passende Antwort zu fixieren. Jeder Lebenssachverhalt ist anders – dies bedeutet natürlich auch wiederum, daß es mit Sicherheit die eine oder andere Regelung gibt, die in dieser Übersicht gar nicht erfaßt ist oder die Sie vielleicht persönlich gegenüber den dortigen Vorschlägen bevorzugen.

6.2 Checkliste

Der Erfahrungssatz, seine „Unterlagen" zusammengefaßt in einem Aktenordner aufzubewahren, stimmt dem Grundsatz nach. Angehörige und Erben haben damit nach dem Ableben des Erblassers die Möglichkeit, sofort einen Einblick in die privaten oder geschäftlichen Angelegenheiten des Erblassers zu erhalten. Nur: Man kann zwar die wichtigsten Papiere, Urkunden und Aufzeichnungen tatsächlich in einem Ordner zusammentragen; dies bedeutet jedoch einerseits für den Eigentümer der Unterlagen, daß er diese ständig ergänzt und vervollständigt, sie quasi wie ein „Loseblattwerk" aktualisiert. Zudem besteht aber die Schwierigkeit darin, daß man doch einige Unterlagen eben nicht vollständig in einem Ordner abheftet, sei es, daß man sie für sonstige private oder geschäftliche Angelegenheiten benötigt und hier natürlich nicht stets auf den „Privatordner" zurückgreifen will.

Hinzu kommt, daß natürlich auch Positionen auf der Soll- und Haben-Seite ständigen Schwankungen unterworfen sind. Es ist daher kaum vorstellbar, daß man beispielsweise stets Konto- oder Depotauszüge der Banken bei diesen Unterlagen gleich mitaufbewahrt oder aber beim Selbständigen/Gewerbetreibenden etwa die geschäftlichen Ergebnisse dort gleich mitberücksichtigt. Auch Ausweispapiere oder Steuerunterlagen werden in der Regel an getrennten Orten aufbewahrt.

Empfehlung: Versuchen Sie in einem **persönlichen Ordner**, der dann auch tatsächlich nur von Ihnen benutzt wird und ggf. verschlossen gehalten werden sollte, nur die wichtigsten **Original-Urkunden** aufzubewahren. Dies betrifft insbesondere Versicherungsscheine etc. Wer z. B. einen Bausparvertrag abgeschlossen hat, wird mit Sicherheit hier zunächst einmal die Originalurkunde mit aufbewahren. Die laufende Entwicklung seines Bausparkontos wird sicher separat geführt werden, da sich nicht nur das Guthaben durch die Ansparung von Zinsen verändert, andererseits auch im Einzelfall etwaige Bescheinigungen der Bausparkassen zumindest einmal jährlich bei der Steuererklärung benötigt werden.

Es lohnt sich aber auf jeden Fall, die von Ihnen zu erarbeitende **Checkliste** mit den Hinweisen für den Erbfall gleich vorne in Ihren persönlichen Ordner einzuheften. Es ist damit leicht möglich, daß die Hinterbliebenen im Todesfall die für die Nachlaßregelung notwendigen Hinweise darin finden und nicht nur über ihre Vermögensverhältnisse informiert sind, sondern auch durch die Übersicht in der Lage sind, sich recht schnell bei den übrigen Papieren „durchzufinden".

Noch ein rein praktischer **Hinweis**: Sollten die folgenden Zeilen zum Ausfüllen nicht ausreichen, kann im Einzelfall unter Hinweis auf eine Textziffer selbstverständlich in einer Anlage problemlos eine Ergänzung zu den Einzelpunkten vorgenommen werden.

Bitte vergessen Sie auf keinen Fall, daß die von Ihnen erstellte **Checkliste** zu Ihren testamentarischen Verfügungen herangezogen werden kann. Sie ersetzt aber keine letztwillige Verfügung. Fehlt es an einem letzten Willen, können die in der Checkliste enthaltenen Hinweise für den Erbfall allenfalls als **Anregungen** in juristischer Hinsicht von Ihren Angehörigen nach dem Todesfall bewertet werden. Über den „Ernstfall" hinaus dürfte aber die Checkliste Ihnen auch Aufschluß darüber geben, wie Sie zumindest zum Zeitpunkt der Abfassung der Checkliste in finanzieller Hinsicht bereits vorgesorgt haben, entweder für sich persönlich oder Ihre Angehörigen. Es bietet sich fast der Vergleich zur Erstellung eines Wohnungsinventars an, der z. B. bei Abschluß einer Hausratversicherung (natürlich beschränkt für diesen Fall) vorzunehmen ist. Vielleicht stoßen Sie bei der Erstellung der Checkliste auf ähnliche Überraschungseffekte, wobei man natürlich über vorgefundene Lücken, auch im Versicherungsbereich nachdenken sollte.

――――――――――――――――――――――― Checklisten

| **Meine persönlichen Daten** |

Zur Person

Familienname: ....

Geburtsname: ....

Vorname: ....

Geburtstag/Ort: ....

Staatsangehörigkeit: ....

Familienstand: ....

Religion: .... Beruf: ....

Adresse: .... Telefon-Nr.: ....

Ehegatte (Vorname): ....

Geburtsname: ....

Geburtstag/Ort: ....

Staatsangehörigkeit: ....

Religion: ....

Tag und Ort der
Eheschließung: ....

Güterstand: ....

Sterbedatum
(falls bereits verstorben): ....

Beerdigungsort/Angaben zum
Friedhof/Grabstelle: ....

Kinder

Name, Vorname: ....

Anschrift: ....

....

....

95

Checklisten

Geburtstag/Ort: .... Telefon-Nr.: ....

Name, Vorname: ....

Anschrift: ....

....

....

Geburtstag/Ort: .... Telefon-Nr.: ....

Nichteheliche Kinder

Name, Vorname: ....

Anschrift: ....

....

....

Geburtstag/Ort: .... Telefon-Nr.: ....

Ergänzende Angaben hierzu: ....

....

Enkel

Name, Vorname: ....

Anschrift: ....

....

....

Geburtstag/Ort: .... Telefon-Nr.: ....

Name, Vorname: ....

Anschrift: ....

....

....

Geburtstag/Ort: .... Telefon-Nr.: ....

_____ Checklisten

Eltern

Name des Vaters: ……………………………………………………

Geburtstag/Ort: ……………………………………………………

……………………………………………………………………………

Staatsangehörigkeit: ………………………………………………

Anschrift: ……………………………………………………………

……………………………………………………………………………

Eheschließung am: ……… in: ……………………………………

Name der Mutter: …………………………………………………

Geburtstag/Ort: ……………………………………………………

Staatsangehörigkeit: ………………………………………………

Anschrift: ……………………………………………………………

……………………………………………………………………………

Sterbedatum
(falls bereits verstorben): ………………………………………

Beerdigungsort/Angaben: ………………………………………

zum Friedhof/Grabstelle: ………………………………………

Geschwister

Name, Vorname: ……………………………………………………

Anschrift: ……………………………………………………………

……………………………………………………………………………

Geburtstag/Ort: ………………………… Telefon-Nr.: ………………

Falls verstorben, deren Kinder:

Name, Vorname: ……………………………………………………

Anschrift: ……………………………………………………………

……………………………………………………………………………

Geburtstag/Ort: ………………………… Telefon-Nr.: ………………

Checklisten

| Wichtige Unterlagen | Aufbewahrungsort/abgelegt wo?

Ausweispapiere etc.
Ausweis (Personalausweis, Reisepaß): ....
Familienstammbuch: ....
Geburtsurkunden, Heiratsurkunde: ....
Pkw-Papiere (Kfz-Brief/Kfz-Schein): ....

Steuerunterlagen
Ordner/Schriftwechsel/Steuer-Nr.: ....
....

Versicherungspapiere
Ordner/Schriftwechsel/Policen: ....
....

Haus/Wohnungsunterlagen
Ordner Hausbau/Hausverwaltung: ....
Mietvertrag/Mietunterlagen: ....
Schriftwechsel: ....

Bankunterlagen
Urkunden/Schriftwechsel: ....
Kontoauszüge: ....
Sparbücher: ....

Privatkorrespondenz
Privater Schriftwechsel: ....
Rechnungen/Kaufunterlagen: ....
Sonstiges: ....

Geschäftskorrespondenz
Verträge/Schriftwechsel: ....
Steuerunterlagen: ....

_____ Checklisten

Unterlagen für den Todesfall
Verwahrungsort/Hinterlegungsstelle
des Testaments: ....
Erbvertrag/Originalurkunde: ....
Anweisungen für den Todesfall: ....
....
....

Wichtige Kontaktadressen	Name/Anschriften/Telefon	Unterlagen wo?
Hausarzt:	....	....
	....	....
Weiterbehandelnde Fachärzte:	....	....
	....	....
	....	....
	....	....
Für religiöse Fragen:	....	....
	....	....
Steuerangelegenheiten:	....	....
(Berater)	....	....
Rechtsangelegenheiten:	....	....
(Anwalt, Notar)	....	....
Geschäftsadresse:	....	....
(Dienststelle)	....	....
Kontaktperson Betriebsbereich: (Mitarbeiter/Vorgesetzter/ Personalstelle)	....	....

Checklisten

> **Zu meinen finanziellen Verhältnissen**

Vermögensübersicht (ohne Versicherungen)

Bankkonten

Kontokorrentkonten

Bankinstitut, Anschrift	Konto-Nr.	Weitere Verfügungsberechtigte
....		....
....		....

Sonstige Konten

Bankinstitut, Anschrift	Konto-Nr.	Weitere Verfügungsberechtigte
....		....

Sparkonten

Bankinstitut, Anschrift	Konto-Nr.	Verfügungsberechtigte	Aufbewahrung d. Sparbuchs
....			....
....			....

Steuerbegünstigte Sparguthaben

Bankinstitut, Anschrift	Konto-Nr.	Fälligkeit Auszahlung	Höhe	Verfügungsberechtigte	Aufbewahrung d. Sparbuchs
....					....

Checklisten

Depots

Bankinstitut, Anschrift	Konto-Nr.	Verfügungsberechtigte

Bankschließfächer

Bankinstitut, Anschrift	Schließfach-Nr.	Schlüsselaufbewahrung wo?	Weitere Verfügungsberechtigte

Postkonten

Postgirokonten

Postgiroamt, Anschrift	Konto-Nr.	Auszahlungs-Postamt	Verwahrung d. Ausweisk.	Weitere Verfügungsberechtigte

Postsparbücher

Sparkonto-Nr.	Verwahrungsort Ausweiskarte	Verwahrungsort Sparbuch	Weitere Verfügungsberechtigte

Checklisten

Bausparguthaben

Bausparkasse, Anschrift	Nr. des Vertrags	Bausparsumme/ Wert	Zuteilungsreif voraussichtl.	Guthabenstand
....	....	....	....	....
....	....	....	....	....

Wertpapiere (Selbstverwahrung)

Aufbewahrungsort	Bankverbindung	Dividenden und Zinsfälligkeitstermine
....	....	....
....	....	....

Einzelhinweise für erteilte Vollmachten

Für welche Konten?	Name/Anschrift des Bevollmächtigten	Umfang der Vollmacht	Hinterlegungsort d. Vollm.
....	....	....	....

Wertgegenstände

Gegenstand	Aufbewahrungsort	Wert	Liegt Verfügung von Todes wegen vor? Für wen?
....	....	....	....
....	....	....	....
....	....	....	....

_____ Checklisten

Gesellschaftsanteile/Genossenschaftsanteile/Berlinbeteiligungen

Name/Anschrift der Gesellschaft	Höhe	Aufbewahrungsort d. Vertr.-Unterl.	Fälligkeit Auszahlungstermin	Bankverbindung

Sonstige Beteiligungen/Abschreibungsgesellschaften

Name/Anschrift der Gesellschaft	Höhe	Aufbewahrungsort d. Vertr.-Unterl.	Bankverbindung	Steuerunterlagen befinden sich

Sonstige Forderungen/Guthaben

Darlehensforderungen

Darlehensnehmer	Höhe des Darlehens	Zinstermine	Fälligkeit	Unterlagen befinden sich

Checklisten

Sparbriefe, Investmentverträge

Bankinstitut	Kontonummer	Guthabenstand	Aufbewahrungsort/ Unterlagen

Grundbesitz (Privatbereich)

Lage/Anschrift	Flst.-Nr.	Belastungen	Wertangaben	Aufbewahrungsort/ Unterlagen

Grundbesitz (gewerblicher Bereich)

Lage/Anschrift	Flst.-Nr.	Belastungen	Aufbewahrungsort/ Unterlagen

Sozietätsverträge, sonstige Beteiligungen

Unternehmen/ Gemeinschaft	Höhe der Beteiligung	Aufbewahrungsort Vertragsunterlagen	Besondere Vermerke

_____ Checklisten

Der Versicherungsbereich

Private Versicherungen

Lebensversicherungen

Gesellschaft, Anschrift	Vers.-Nr.	Vers.-Summe	Bezugsberechtigung	Prämienzahlung über Kto.

Hinweise für Abtretungen, Beleihungen/Sonstige Vertragsbesonderheiten:

....
....

Verträge, die bei Unfalltod doppelte Versicherungssummen vorsehen:

....
....

Fälligkeitstermine lt. Vertrag:

Vers.-Nr.	Vers.-Nr.	Vers.-Nr.	Vers.-Nr.

Checklisten

Sterbekassen/Vorsorgekassen

Gesellschaft, Anschrift	Vers.-Nr.	Vers.-Summe	Bezugsberechtigung	Prämienzahlung über Kto.

Unfallversicherungen

Gesellschaft, Anschrift	Vers.-Nr.	Vers.-Summe	Bezugsberechtigung	Prämienzahlung über Kto.

Pkw-Unfallversicherung, sonstige Unfallversicherungen

Gesellschaft, Anschrift	Vers.-Nr.	Vers.-Summe	Bezugsberechtigung	Prämienzahlung über Kto.

Weitere Versicherungen mit Leistungen auf den Todesfall

Gesellschaft, Anschrift	Vers.-Nr.	Vers.-Summe	Bezugsberechtigung	Vertragspartner

_____ Checklisten

Gesetzliche Rentenversicherung

Versicherungsträger	Vers.-Nr.	Rentenanspruch lt. Bescheid	Aufbewahrungsort für Rentenunterlagen Vers.-Heft, Nachweise etc.
....	....	....	....

Pensionen

Besoldungsstelle	Personal-Nr.	Letzte Dienststelle	Kontaktpersonen	Aufbewahrungsort
....	....	....	....	....

Betriebliche Altersversorgung

Arbeitgeber, Anschrift	Träger o. Vers.-Nehmer	Pers.-Nr./ Vers.-Nr.	Leistungsumfang sow. bekannt	Bezugsberechtigung	Anwartschaft seit
....	....	....	....	....	....

Berufsständische Versorgungseinrichtungen

Träger (Anschrift)	Vers.-Nr.	Art der Leistung	Bezugsberechtigung
....	....	....	....

Checklisten

Private Renten (Versicherungen/Leibrenten o. ä.)

Verpflichteter (Anschrift)	Art der Rente	Laufzeit	Weitere Bezugs-berechtigte
....	....	....	....

Krankenversicherungen/Zusatzversicherungen

Name/Anschrift der Gesellschaft	Mitglieds-/ Vers.-Nr.	Art der Leistung	Leistungs-umfang	Mitvers. Personen
....	....	....	....	....
....	....	....	....	....

| **Zahlungsverpflichtungen** |

Bankdarlehen

Bankinstitut	Kredit/ Kto.-Nr.	Betrag/ zahlbar am	über Konto	Sicherheiten/ Restkredit-versicherung
....	....	....	....	....
....	....	....	....	....

Checklisten

Baukredite

Gläubiger	Darlehens-betrag	zahlbar am	Abbuchung über Konto	Bestellte Grundpfand-rechte hierfür
....	....	....	....	....
....	....	....	....	....
....	....	....	....	....

Privatdarlehen

Gläubiger	Darlehens-betrag	lfd. Rückzahlungs-betrag ab wann	Zahlungsabwicklung über Konto
....	....	....	....
....	....	....	....

Bauspardarlehen

Bausparkasse	Mitgl.-Nr.	Zahlungsbe-träge fällig zum	Abbuchung über Konto	Darlehens-höhe/ Laufdauer
....	....	....	....	....
....	....	....	....	....

Checklisten

Ratenzahlungsverträge

Gläubiger	Zahlungen fällig zum	Abbuchung über Konto	Gesamtkreditbetrag
....	....	....	....
....	....	....	....
....	....	....	....

Bürgschaften

Bürgschaft für	Höhe des Betrages	Höhe/ Zeitdauer	Besondere Vereinbarungen/ Versicherungen?
....	....	....	....
....	....	....	....

Entliehene Gegenstände

Gegenstand	Berechtigter	Rückgabe-Vereinbarung	Unterlagen
....	....	....	....
....	....	....	....

Mietverträge/Pachtverträge

Wohnung/Haus in	Mietzins mtl.	Kündigungsfrist/Mietdauer	Vermieter	Kautionsleistungen wo angelegt?
....	....	....	....	....

Checklisten

Vereins-Mitgliedschaft

Meist endet satzungsgemäß eine Vereins-Mitgliedschaft bereits bei Tod des Vereinsmitglieds. Für den Fall, daß dies nicht in der Vereinssatzung vorgesehen ist, sollte ein Verein vom Tode des Mitglieds alsbald informiert werden, wobei auch im Regelfall die Vereine bereit sind, in diesem Fall auf die Einhaltung von sonst vorgesehenen Kündigungsfristen zu verzichten.

Verein, Anschrift	Kontaktpersonen (Schriftführer, Vorstand etc.)	Besondere Vereinbarungen (Rückgabe vereinseigener Gegenstände etc.)	Abbuchung der Beiträge über Konto

Abonnements

Bei laufenden Abonnements, gleichgültig ob es sich etwa um Zeitungen, Zeitschriften oder auch Theaterabonnements etc. handelt, endet im Regelfall die Bezugsverpflichtung nicht durch den Todesfall, sondern die Erben treten in den Vertrag ein. Es empfiehlt sich daher auf jeden Fall, aufgrund der nachfolgenden Aufstellung alsbald zu prüfen, welche Kündigungstermine gelten, um eine Bezugsverpflichtung alsbald beenden zu können. Bei längerlaufenden Verträgen wird man ggf. den Erben wegen einer vorzeitigen Beendigung des Vertrages entgegenkommen.

Gegenstand	Kunden-/ Mitglieds-Nr.	Betrag, Fälligkeit	Abbuchung über Konto	Vertragslaufzeit bis	Aufbewahrungsort Vertragsunterlagen

Checklisten

Leasingverträge

Auch für Leasingverträge gibt es i. a. keine Möglichkeit, beim Tode des Leasingnehmers (Erblassers) den Vertrag vorzeitig zu beenden, es sei denn, dies wurde ausdrücklich vereinbart. Häufig wird z. B. beim Pkw-Leasing von Seiten des Leasinggebers nur dann einer vorzeitigen Vertragsauflösung zugestimmt, wenn eine Abstandszahlung geleistet wird. Man sollte hier auf jeden Fall die Möglichkeit einer Übertragung des Vertrages auf eine andere Person, etwa Angehörige, im Auge behalten, um finanzielle Einbußen bei vorzeitiger Vertragsbeendigung hierdurch vermeiden zu können. Allerdings bedarf auch diese Umstellung der Zustimmung des Leasinggebers.

Gegenstand	Leasing-geber	Vertrags-laufzeit	Leasing-raten	Sonder-zahlungen	Unterlagen

Checklisten

Im Falle meines Todes: Persönliche Hinweise

In der nachfolgenden Checkliste für den Todesfall wurden von mir die nach meiner Ansicht gebotenen notwendigen Schritte, darüber hinaus auch Wünsche und Anregungen zur Abwicklung des Trauerfalles und Anregungen zur Sicherung etwaiger Ansprüche meiner Hinterbliebenen festgelegt.

Ich bitte daher meine Angehörigen, demnach folgende Bestimmungen – soweit möglich – auszuführen bzw. bei der Abwicklung des Trauerfalls zu beachten:

1. Persönliche Verhältnisse

Über meine persönlichen Verhältnisse informiert zunächst die beigefügte Aufstellung „Die Checkliste für den Todesfall". Sie informiert über meine persönlichen Verhältnisse und – soweit erfaßt – die wichtigsten Angaben zu meiner Vermögenssituation.

2. Testamentsunterlagen

Ich habe ein Einzeltestament/gemeinschaftliches Testament/Erbvertrag errichtet. Die Originalunterlagen/Urkunden sind aufbewahrt bei ....

Das Bürgermeisteramt meines Wohnortes ist nach meinem Ableben hiervon unmittelbar in Kenntnis zu setzen oder die Papiere sind beim zuständigen Notariat

..

abzugeben.

Die Anschriften der Begünstigten finden sich in meiner Aufstellung. Ich bitte zur nachlaßgerichtlichen Erhebung die zuständige Dienststelle hierüber zu informieren.

oder:

Ich habe mich in testamentarischer Hinsicht nicht gebunden. Ich habe jedoch – wie aus den beigefügten Unterlagen ersichtlich – folgende Vermächtnisse ausgesetzt, zu deren Erfüllung meine gesetzlichen Erben verpflichtet sind.

3. Vollmachten

Ich habe bereits Herrn/Frau ....,

wohnhaft in ....

eine Vollmacht mit Wirkung über meinen Tod hinaus erteilt. Wegen der finanziellen Abwicklung bitte ich daher darum, sich mit meinem Bevollmächtigten sofort nach meinem Ableben in Verbindung zu setzen. Im Hinblick auf die erteilte Vollmacht kann mein Bevollmächtigter im Interesse einer zügigen Nachlaßab-

Checklisten

wicklung schon jetzt — soweit rechtlich möglich — über meine vorhandenen Guthaben zur Durchführung der Nachlaßabwicklung tätig werden.

4. Finanzielle Verhältnisse

Über meine finanziellen Verhältnisse informiert meine Vermögensaufstellung. Bitte insbesondere anhand der vorgefundenen Versicherungsunterlagen oder ggf. durch Rücksprache mit der Versicherungs-Gesellschaft prüfen, innerhalb welcher Frist und in welcher Weise Ansprüche aus den bestehenden Versicherungsverträgen geltend gemacht werden müssen. Sollte der Tod durch Unfall eingetreten sein, sollte sofort die Versicherungsgesellschaft hiervon in Kenntnis gesetzt werden.

Ich empfehle im übrigen, Rücksprache mit Herrn/Frau ....

in .... (Tel.: ....)
zu nehmen. Diese Person meines Vertrauens ist grundsätzlich bereit, bei der finanziellen Abwicklung behilflich zu sein.

Seit meiner Vermögensaufstellung vom ....
ist noch folgender Versicherungsvertrag hinzugekommen, aus dem Leistungen bei Eintritt des Todesfalles beansprucht werden können:

Versicherung	Versicherungs-Nr.	Art der Leistung	Aufbewahrungsort Unterlagen
....	....	....	....

5. Weitere Hinweise

Dies vorausgeschickt, wird von mir für den Fall meines Todes noch ergänzend folgendes festgelegt:

● Bei meinem Todesfall sollen unbedingt folgende Personen neben meinen etwaigen Angehörigen benachrichtigt werden:

Name/Anschrift	Tel.-Nr.	Besondere Hinweise für die Benachrichtigten
....	....	....

● Nach meinem Tode soll alsbald ein Bestattungsunternehmen, ggf. das Bestattungsinstitut ....

_____ Checklisten

in ...., *mit der Durchführung der Bestattung beauftragt werden.*
oder
Wegen des Inhalts und der Durchführung der Bestattung verweise ich auf den bereits dort vorhandenen Vorsorge-Vertrag.

- *Wie in meinen Unterlagen bereits niedergelegt, wünsche ich ausdrücklich eine Erd-/Feuerbestattung.*
- *Ich gehöre der* .... *-Kirchengemeinde in*

.... *an. Für die Durchführung der Beerdigung lege ich folgendes fest:*

  – *Wenn möglich, soll der Pfarrer/Prediger* ....
    die Trauerfeier übernehmen. Bei der Trauerrede bitte ich folgendes zu berücksichtigen:
    (z. B. Bibelspruch, besondere Ereignisse im Leben des Erblassers aus seiner Sicht)

    ....

    ....

    ....

  – *Die Trauerfeier soll mit/ohne musikalischen Rahmen stattfinden. Ich wünsche mir hier noch folgende Musikstücke:*

    ....

    ....

  – *Wenn möglich sollen die Stücke von* ....
    gespielt werden (z. B. örtlicher Chor/Verein, Solisten)
    oder
    Ich wünsche von jeglichen religiösen Trauerfeiern Abstand zu nehmen, es soll eine stille Beisetzung nur im Kreis meiner nahen Angehörigen und Freunde stattfinden.

- *Ich möchte im weiteren, daß bei einer Todesanzeige in der Zeitung* .... *vermerkt wird, daß statt Kranzspenden ein entsprechender Betrag der folgenden gemeinnützigen Organisation zur Verfügung gestellt werden soll:*

  ....

Checklisten

- *Ich wünsche im weiteren, daß ich auf dem Friedhof ....
  beigesetzt werde.*
- *Für den Grabstein bestimme ich folgende Beschriftung:*

  ....

  ....

- *Was die Grabbepflanzung und die Pflege des Grabes angeht, wünsche ich*

  ....

  ....

  oder
  *Für das Grab soll ein Pflege-Vertrag durch die Gärtnerei ....
  in .... abgeschlossen werden.*
- *Was die Bestattung angeht, lege ich im weiteren noch folgendes fest:*

  ....

  ....

  ....

  ....

- *Ich bitte meine Angehörigen, die vorstehenden Anregungen und Wünsche in meinem Gedenken auszuführen.*
  Darüber hinaus sollte noch folgendes beachtet werden:

  ....

  ....

  ....

  ....

....
Datum   *Name*

Stichwortverzeichnis

Abonnements, Kündigung ... 111
Abwicklungs-Testamentsvollstreckung 64
Adoption 27
Altershilfe für Landwirte 56
Angehörige, Erbrecht,
   Überblick .... 38 ff.
−, Benachrichtigung .... 21 ff., 99, 114
Anonyme Bestattung .... 29 ff., 31
Anschriftenverzeichnis
   für Angehörige 99, 114
Auflage 27
Ausschlagung, Erbschaft 28

Bank, Guthaben, Kredite ... 100 ff.
−, Vollmacht 75
Beamtenversorgung 56
Beerdigung, Organisation .... 25 f.
Beihilfen, Überblick .... 56 ff.
Bestattung, Überblick ...... 29 ff.
Bestattungsunternehmen,
   Auftrag 25
Betriebliche Steuern .... 84 ff.

Enterbung 32
Erbauseinandersetzung ..... 33 f.
Erben-Haftung .... 43 ff.
Erben/Vererben in den neuen
   Bundesländern .... 79 f.
Erbfolge .... 39 ff.
Erbrecht, Nachweis durch
   Erbschein 37
Erbschaft, Ausschlagung 28
Erbschaftsteuer
−, Steuerklassen/
   Freibeträge .... 35 f.
−, Gestaltungshinweise 37
Erbschein 37
Erbvertrag 38
Erdbestattung, Überblick .... 30 ff.

Feuerbestattung, Überblick .. 30 ff.
Finanzielle Verhältnisse,
   Aufstellung .... 100 ff.

Geldvermächtnis, Muster 73
Gesetzliche Erbfolge .... 39 ff.
Grabpflege .... 40 f., 116
Grabpflege-Anordnung 27
Grabwahl .... 41 f.

Hinterbliebene, Checkliste,
   Todesfall .... 19 ff.

Körperspende .... 44 f.

Nacherbschaft .... 45 ff.
Nachlaßgericht 19, 37
Nachlaßkonkurs 43
Nachlaßverwaltung 43
Nachlaßverzeichnis 47
Nachruf, Muster .... 70 f.
Neue Bundesländer .... 79 f.
Nichteheliche Kinder 49
Notar, Gebührenbeispiele .... 49 ff.
−, Mitwirkung Erbvertrag,
   Testament 38
Nottestament .... 61 f.

Obduktion 15
Öffentliches Testament ..... 60 f.
−, Notarkosten .... 50 f.
Organtransplantation ...... 14 f.

Persönliche Verhältnisse,
   Aufstellung .... 95 ff., 113
Pflegekosten, Steuerabzugsbeträge 87
Pflichtteil .... 53 f.

Rechtsanwalt, Beratung 52
−, Gebührenbeispiele .... 52 f.

Stichwortverzeichnis

Reihengräber . . . . 42 f.
Renten, Überblick . . . . 54 ff.

Sachvermächtnis, Muster 74
Seebestattung . . . . 31 f.
Standesamt, Mitteilungs-
   pflichten 13, 22
Sterbegeld . . . . 56 ff.
Sterbehilfe 58
Steueramnestie, Erben . . . . . . 82 f.
Steuerfolgen . . . . 80 ff., 83
−, in den neuen Bundesländern 83
Steuern, Dispositionen,
   Überblick . . . . 79 ff.
−, Erbschaftsteuer . . . . . . 34 ff.

Testament
−, Enterbung . . . . 32 f.
−, Muster . . . . 62 ff.
−, Überblick . . . . 59 ff.
−, Widerruf 78
Testamentsvollstrecker . . . . . 64 ff.
Todesfall
−, Abwicklung . . . . 11 ff.
−, Checkliste für Hinter-
   bliebene . . . . 21 ff.
−, im Ausland . . . . 15 f.
−, im Krankenhaus . . . . . . 13 ff.
−, in Wohnung 13
−, persönliche Hinweise
   zur Abwicklung . . . . . . 113 ff.
−, ungeklärte Todesursachen . 16
Traueranzeigen, Muster . . . . . 68 ff.

Trauerfeier, Durchführung . . . 25 f.
−, persönliche Hinweise . . . 114

Urnenbestattung, Überblick . . 29 ff.

Vereins-Mitgliedschaft,
   Kündigung 111
Vermächtnis, Körperspende . . . 44
−, Muster . . . . 73 ff.
−, Überblick . . . . 73 ff.
−, Unterschied zur Auflage . . 27
Versicherungen, Todesfall-
   anzeige 18
−, Überblick . . . . 85 ff.
−, persönliche Verhältnisse,
   Aufstellung . . . . 105 ff.
Vollmacht, Bankvollmacht 76
−, Muster für den Todesfall . . 77
−, Überblick . . . . 75 ff.
Vorsorge für den Todesfall,
   Bestattungshinweise . . . . . 114 ff.
−, Finanzielle
   Aufzeichnungen . . . . . 100 ff.
−, Persönliche Angaben . . . 95 ff.
−, Überblick . . . . 89 ff.
−, Zahlungsverpflichtungen . 108

Wahlgräber . . . . 42 f.
Widerruf, Testament 78
Witwenrente/Witwerrente . . . 55 ff.

Zahlungsverpflichtungen 17, 108 ff.

WRS-Musterverträge/-texte

... da steckt viel Praxis drin!

Geckle
Die Vollmacht
in der Betriebspraxis und im Rechtsleben
ISBN: 3-8092-0287-8
DM 19,80　　Bestell-Nr. 70.01

Huber
Kaufverträge
Grundzüge des Kaufrechts und Muster für die Praxis
ISBN: 3-8092-0430-7
DM 19,80　　Bestell-Nr. 71.17

Geckle
Vereins-Ratgeber
• Wie Sie einen Verein gründen, führen und vertreten
• Vereinsrecht
• Satzung • Steuern
ISBN: 3-8092-0730-9
DM 19,80　　Bestell-Nr. 70.04

Naegele
Ratgeber zur Altersversorgung
Die gesetzliche, betriebliche und private Absicherung für das Alter
ISBN: 3-8092-0745-4
DM 19,80　　Bestell-Nr. 40.15

Huber
Testamente und Erbverträge
ISBN: 3-8092-0474-9
DM 19,80　　Bestell-Nr. 72.05

Naegele
Lebensgemeinschaft ohne Trauschein
Ratschläge/Vereinbarungen bei Beginn oder Trennung einer nichtehelichen Lebensgemeinschaft
ISBN: 3-8092-0428-5
DM 19,80　　Bestell-Nr. 45.14

Naegele
Eheverträge
Individuelle Gestaltungsmöglichkeiten vor und nach der Eheschließung
ISBN: 3-8092-0607-5
DM 19,80　　Bestell-Nr. 72.06

Naegele
Trennung und Ehescheidung
Vereinbarungen/Gestaltungsmöglichkeiten für Güter- und Sorgerecht, Unterhalt und Versorgungsausgleich
ISBN: 3-8092-0740-3
DM 19,80　　Bestell-Nr. 72.07

Weber/Marx
Kredite richtig absichern
Ein praktischer Leitfaden für Kreditgeber und -nehmer mit Fallbeispielen und Mustern
ISBN: 3-8092-0402-1
DM 19,80　　Bestell-Nr. 12.16

Grisebach
Ratgeber zum Verbraucher-Kreditrecht
Mit neuem Gesetzestext, Beispielen und Vertragsklauseln
ISBN: 3-8092-0765-9
DM 19,80　　Bestell-Nr. 44.04

WRS Verlag Wirtschaft, Recht & Steuern

WRS-Ratgeber-Reihe

Ratgeber, die wie gerufen kommen

Grosjean
Geld sicher anlegen – aber wie?
Leitfaden rund ums Geld mit guten Anlagetips
ISBN: 3-8092-0631-8
DM 19,80 **Bestell-Nr. 46.03**

Weber / Marx
Mieten und Vermieten von A – Z
Das aktuelle Recht der Wohnraummiete • Mit Lexikon und praktischen Mustern
ISBN: 3-8092-0800-0
DM 19,80 **Bestell-Nr. 46.06**

Radtke
Sorglos reisen von A – Z
• Tips und Checklisten für die optimale Reisevorbereitung • Alle Rechte bei Mängeln und Pannen
ISBN: 3-8092-0616-4
DM 19,80 **Bestell-Nr. 46.08**

Weber / Marx
Verkehrsunfall – wie richtig verhalten?
• Unfall-Lexikon • Checkliste: Vorgehen nach Unfall • Tips zur Schadensregulierung
ISBN: 3-8092-0845-0
DM 19,80 **Bestell-Nr. 46.01**

Drewes
Strafe droht – was tun?
• Richtig verhalten bei Bußgeld- und Strafverfahren
ISBN: 3-8092-0650-4
DM 19,80 **Bestell-Nr. 46.10**

Straub
Ihre Krankenversicherung von A – Z
Gesetzlich oder privat versichern?
• Die Qual der Wahl • Lexikon aller Leistungen mit vielen Tips
ISBN: 3-8092-0743-8
DM 19,80 **Bestell-Nr. 46.07**

Rohde / Leidigkeit / Ponzelet
Meine Rente von A – Z
• Tips und Ratschläge für Ihre sichere Altersversorgung • Alles über die Rentenreform '92
ISBN: 3-8092-0843-4
DM 19,80 **Bestell-Nr. 46.09**

Reinisch
Senioren abc
• Erläuterungen zu allen Fragen des Ruhestandes • Lexikonteil
ISBN: 3-8092-0768-3
DM 19,80 **Bestell-Nr. 46.14**

Rohde / Leidigkeit
Richtig versichert von A – Z
Mit den besten Tips: • Wie verhalte ich mich im Schadensfall?
• Welche Versicherungen brauche ich wirklich?
ISBN: 3-8092-0484-6
DM 19,80 **Bestell-Nr. 46.05**

Geckle
Todesfall – was tun?
Die letzten Dinge regeln • Verfügungen für den Fall des Todes • Rat und Hilfe für die Angehörigen
ISBN: 3-8092-0812-4
DM 19,80 **Bestell-Nr. 72.08**

WRS Verlag Wirtschaft, Recht & Steuern